스키장을
여름에
찾게 하라!

옮긴이 아리프

낮에는 직장에서 일을 하고 밤에는 책을 읽는 평범한 직장인이다. 고민이 있으면 책에서 답을 찾으려고 노력한다. 덕분에 많은 책을 읽을 수 있었고 번역까지 하게 되었다.

아리프(Arif)는 '현명하고 지혜롭다'라는 의미의 아랍어다. 현명하고 지혜롭게 살고 싶은 마음에서 필명으로 쓰고 있다.

옮긴 책으로는《유튜버가 사라지는 미래》,《2040 미래 예측》,《망하지 않고 돈을 버는 15가지 방법》,《매출 최소화 이익 최대화》가 있다.

스키장을 여름에 찾게 하라!

초판 발행 2023년 11월 21일

지은이 와다 유타카 **옮긴이** 아리프 **펴낸이** 이성용 **책디자인** 책돼지
펴낸곳 빈티지하우스 **주소** 서울시 마포구 성산로 154 4층 407호(성산동, 충영빌딩)
전화 02-355-2696 **팩스** 02-6442-2696 **이메일** vintagehouse_book@naver.com
등록 제 2017-000161호 (2017년 6월 15일) **ISBN** 979-11-89249-80-9 03320

스키장을 여름에 찾게 하라!

와다 유타카 지음 • **아리프** 옮김

★ 역발상의 아이디어로
지역 경제를 살려낸 기적의 스키장,
하쿠바 이와타케

빈티지하우스
VINTAGE HOUSE

여름밤의 하쿠바.
산에서 눈물을 흘리던 날

많은 사람들이 찾는 하쿠바 이와타케 정상의 전망시설
'하쿠바 마운틴 하버'.
너무 아름다운 절경에 사람들이 넋을 잃고
서 있는 경우도 많다.

2022년 5월 4일. 황금연휴의 한 가운데.

여름의 스키장에는 놀라울 정도로 많은 차량이

몰려듭니다.

매표소에도 대기줄이 끝없이 늘어서 있습니다.

일손이 부족해 사장인 저도 주차장 정리에

나섰습니다.

한 여성 손님께서 저에게 이렇게 물어봅니다.

"오늘은 무슨 행사가 있나요?"

그날은 아무런 이벤트도 없는 평소와 다름없는 영업일이었습니다.

지금까지 준비한 것들이 고객들에게 잘 알려져 평판이 좋아지고

있었고, 황금연휴와 좋은 날씨가 맞물려 많은 고객이 찾았던 것입

니다.

그 결과, 이날의 방문객 수는 4,700명으로 그린 시즌(4월부터 11

월까지)으로는 역대 최고의 수치를 기록했습니다.

내가 정말 사랑하는 하쿠바의 아름다움을 국내외의 많은 사람들에

게 전하고 싶다. 지금까지 쌓아왔던 경험을 바탕으로 남은 일생을

걸고 도전하고 싶다.

이런 마음으로 하쿠바에 온 지 8년. 그날 밤 팀원들과 함께 기쁨을

나누었던 기억이 지금도 생생하게 기억에 남습니다.

겨울보다 여름에 더 많은 돈을 버는
스키장의 탄생

여기까지 오는 길은 결코 평탄하지 않았습니다.

그 시작은 2016년으로 거슬러 올라갑니다. 제가 하쿠바로 이주하면서 '하쿠바 이와타케 마운틴 리조트'를 운영하는 회사의 경영에 참여한 지 3년째였습니다.

그 전의 겨울은 2년 연속 따뜻한 날씨로 눈이 적게 내려 2010년 이후 꾸준히 12만 명 정도였던 방문객이 7만 명대로 급감해 버렸습니다. 단숨에 적자로 전환이 된 것입니다.

하쿠바에 오자마자 스키장의 생존을 걱정해야 하는 큰 위기를 맞이했습니다.

앞으로 또 눈이 적게 내리는 시즌이 올지 모르는 상황에서, 그나마 방문객 수를 지탱해주고 있던 해외에서 온 스키어들도 국제 정세가 바뀌면 더 이상 찾아주지 않을 수 있습니다(실제로 2020년부터 시작된 코로나 사태로 이 우려는 현실이 되었습니다).

우선, 국내 스키어의 수가 급감하고 있었습니다. 스키와 스노우보드를 즐기는 주 고객층인 젊은 세대의 인구가 줄어들고 있는 것은 명백합니다.

게다가 이곳 하쿠바 이와타케는 스키장 중에서도 고도가 낮은 편이라 겨울 시즌이 짧다는 핸디캡도 있었습니다. 어떻게 생각해도 겨울 몇 달 동안만 영업하고 여름에는 휴업하는 비즈니스 모델로는 머지않아 한계가 있을 것 같았습니다.

이런 위기감을 배경으로 '그럼 어떻게 할 것인가?'를 계속 고민했던 5년이었습니다. 여러 가지 노력을 거듭해 왔습니다.

북알프스의 절경을 감상할 수 있는 산 정상에 조성된 전망시설 '하쿠바 마운틴 하버'.

북알프스의 절경 속으로 뛰어드는 대형 그네 '유-후! 스윙'(〈알프스 소녀 하이디〉의 그네를 상상해 주세요).

스노우피크와 함께 만든 쾌적한 아웃도어 공간 '이와타케 그린파크'.

국내 최초로 도입한 독일 발상의 액티비티 '마운틴 카트'.

지역에서 생산하고 지역에서 소비하는 것을 컨셉으로 잡은 델리 스타일 레스토랑 '하쿠바 델리'.

산악자전거의 성지로 부활한 '하쿠바 이와타케 산악자전거 파크'.

민박의 폐업이 속출하는 베이스타운의 재생을 위한 '상점가 활성화 회사의 설립'.

도쿄 오모테산도나 교토 아라시야마에서 큰 인기를 끌고 있는 CHAVATY가 출점한 대자연을 오감으로 체험할 수 있는 전망대 '하쿠바 히토토키모리(CHAVATY 하쿠바점)'.

이 외에도 다양한 노력을 동시다발적으로 진행하며, 팀 전체가 하나가 되어 고객을 맞이할 수 있는 시스템을 갖췄습니다.

결과적으로 2016년에는 2만 5,000명 정도였던 그린 시즌의 방문객 수가 2021년에는 13만 4,000명을 돌파했고, 2022년에는 무려 18만 명을 넘어설 것으로 예상하고 있습니다.

다음 그래프를 보시면 알 수 있듯이, 이것은 겨울 시즌의 방문객 수를 훌쩍 뛰어넘는 수치입니다. '겨울보다 여름에 돈을 버는 스키장'

하쿠바 이와다케 마운틴 리조트 방문객 수

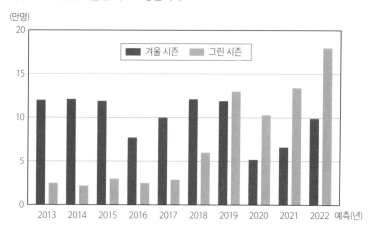

으로의 전환에 성공한 것입니다. 1년을 기준으로 보았을 때도 탄탄한 흑자를 기록하고 있습니다.

이러한 노력은 모두 하나의 핵심적인 생각에서 시작되었습니다. 그것은 바로 '**숨겨진 자산을 찾아내 빛낸다**'입니다. 이 책에서는 우리의 몇 가지 성공과 많은 실패 사례를 통해 이 핵심적인 생각을 설명하고자 합니다.

시골 풍경에 매료된
공무원

안녕하세요. 인사가 늦었습니다. 저는 와다 유타카라고 합니다. '겨울보다 여름에 더 많은 돈을 버는' 하쿠바 이와타케 마운틴 리조트의 운영사인 주식회사 이와타케 리조트의 대표를 맡고 있습니다.

저는 원래 하쿠바는 물론 나가노현에도 아무런 연고가 없었습니다. 태어난 곳은 도쿄이고, 대학도 도쿄에서 나왔습니다. 다만, 여행으로 방문하는 시골의 자연, 시골의 풍경을 좋아해서 언젠가부터 '향후에는 일본의 시골을 활성화하는 일을 하고 싶다'고 생각하고 있었습니다.

대학 시절에는 도쿄대학교 미식축구부 활동에 열중했기 때문에 졸업에 5년이 걸렸지만, 어떻게 국가공무원 시험에 합격하여 농림수산성에서 소위 직업 공무원으로서 사회생활을 시작했습니다.

일본의 농림수산업을 살리고, 지방을 활성화시키는 일은 제가 평소에 하고 싶었던 것으로 처음에는 보람을 느끼며 일했습니다.

하지만 점차 직업 공무원이라는 입장에 대해 고민이 많아졌습니다. 업무의 대부분은 법령이나 규칙을 정비하고, 예산요구 자료를 작성하거나, 국회 답변을 정리하는 등 서류 작업이 대부분이었습니다. 내가 지금 하는 일이 정말 현장, 지방의 활성화에 도움이 되는지 알 수 없었습니다.

여러 가지 지방의 현실을 더 알게 되면서 '농림수산업을 비롯한 비즈니스가 살아야 지방이 살 수 있다'라는 것을 뼈저리게 느끼게 되었습니다. 그러나 관공서에서 서류 작업만 하는 것으로는 비즈니스에 대한 지식을 얻을 수 없었습니다.

결국 8년 만에 공무원 생활을 접고, 우선 비즈니스에 대한 지식을 쌓기 위해 전략 컨설팅 회사에서 일하기로 결심합니다.

이직한 곳은 베인앤컴퍼니라는 미국에 본사를 둔 회사였습니다. 세계적으로도 '3대 전략 컨설팅 업체'의 한 축을 담당하는 회사입니다.

베인에서의 업무는 야근은 기본이고, 성과로 이어지는 제안을 하지 못하면 무능한 사람으로 낙인찍히는 등 매우 압박감이 강한 나날이었습니다.

그렇지만 제가 원했던 비즈니스 지식을 매일같이 흡수하고 있다는 느낌을 실감하는 일상이었습니다. 게다가 나의 제안이 클라이언트의 성과와 직결되는 일이 많아지면서 눈앞의 일이 재미있어졌고, 점점 빠져들어 6년이라는 시간이 흘렀습니다.

한편 '지방을 살리자'라는 당초의 목표와 관련된 일은 거의 없어졌습니다. 이에 따른 갈증이라고 할까 뭐랄까, 컨설팅의 격무 틈틈이 겨울에는 스키장으로, 여름에는 등산으로 주말마다 지방으로 나가게 되었습니다.

하쿠바와의 만남과
위기감

그러던 어느 날, 하쿠바를 만났습니다.

국내 최고 수준의 스키장 규모. 아늑하고 정감 있는 거리 풍경 뒤로 펼쳐지는 북알프스의 압도적인 산악 경관.

나는 '산악 리조트로써 여기보다 잠재력이 높은 곳은 국내에 없는 것이 아닐까'라는 생각이 들었습니다.

반면, 당시의 하쿠바는 서서히 해외에서 방문하는 스키어의 수가 늘어나기 시작했지만, 국내 방문객의 수는 해마다 줄어드는 추세였습니다. 하쿠바 이와타케에 있는 민박집에 묵게 되었을 때도 민박집 할머니가 "요즘은 점점 마을에 활기가 없어지고 있다"며 한탄

하고 계셨습니다.

어쩌면 멀리 해외에서 오는 사람들에게는 보이는 '보물'이 정작 가까이에 살고 있는 일본인들에게는 보이지 않게 되어 버린 것은 아닐까. 이대로 방치하면 그 보물은 노후화되어 곧 사라져 버리는 것은 아닐까.

그런 위기의식이 내 안에서 싹트기 시작했습니다.

압도적인 잠재력을 가진 하쿠바의 매력을 국내외의 더 많은 사람들에게 알리고 싶다.

중앙부처나 컨설팅에서 쌓은 경험과 지식을 활용할 수 있는 곳이 많을 것이다.

이렇게 생각하니 더 이상 머물러 있을 수가 없어 7년 가까운 컨설팅 생활을 접고, 2014년 연고도 혈연관계도 없었던 하쿠바로 이주했습니다. 스키장 운영회사인 일본 스키장 개발에 입사하여 하쿠바에서 스키장을 운영하던 자회사에서 일하기 시작했습니다.

입사하고 깨달은
어려운 사업 환경

'스키를 타면서 즐겁게 일을 할 수 있겠지'라고 가볍게 생각했던 것도 잠시, 스키장 업계가 처한 어려운 현실을 목격하게 됩니다.

애초에 국내 스키장 시장은 1990년대를 정점으로 스키를 타는 사람은 3분의 1 수준으로 떨어졌고, 1년에 평균적으로 스키를 타는 횟수도 6회에서 4회 정도로 줄고 있었습니다.

게다가 저출산 고령화가 진행되면서 스키를 즐기는 10대~40대 청년 및 장년층의 인구는 다른 세대보다 크게 감소할 것으로 예상되고 있었습니다. 시장의 축소가 계속되는 위험성이 매우 높은 상황이었던 것입니다.

한편, 스키장을 운영하는 데 필수적인 리프트와 휴게소 등 시설의 노후화는 해마다 진행되고 있습니다. 모든 리프트의 평균 연수가 35년을 넘어섰고, 이제는 새로운 투자가 불가피한 단계에 이르렀습니다. 하지만 스키장의 수익과 투자의 규모를 고려하면 간단한 이야기가 아니었습니다.

컨설팅 업계에 종사할 때는 클라이언트에게 "M&A를 고려할 때는 비즈니스 실사를 철저히 하고, 업종과 상대 기업의 유망성을 확인해야 합니다"라고 조언하고 있었습니다. 그런데, 정작 제 자신이 이직할 때는 이를 게을리하고 있었던 것에 스스로도 깜짝 놀랐습니다.

게다가 이런 사업 환경에 엎친 데 덮친 격으로, 겨울에 눈이 적게 내리는 일과 신종 코로나 사태로 인한 해외 관광객의 소멸 등. 사업 환경의 어려움은 해마다 가중되고 있습니다.

이러한 환경에도 굴하지 않고 하쿠바 이와타케는 어떻게 '부활'을 이루었을까요?

우리는 무엇을 생각하고, 어떤 노력을 기울여 왔을까요?

부활을 뒷받침한 노력의 근간이 되는 '**숨겨진 자산의 발굴과 활용**'이란 어떤 것일까요?

시장의 축소와 기존 시설의 노후화는 비단 스키장이나 관광산업만의 문제가 아닙니다. 지방의 산업 전체가 이러한 구조적 과제를 눈앞에 두고 손을 쓰지 못한 채 주저앉아 있는 것처럼 보입니다.

어떻게 아이디어를 내고, 어떻게 실행에 옮길 것인가. 악화되는 사업 환경 속에서 고민하는 비즈니스 종사자 여러분께 이 책이 하나의 힌트가 되었으면 합니다.

이 책의
구성

이 책을 통해 다음의 내용을 소개하고자 합니다.

CHAPTER 1에서는 하쿠바 이와타케 부활의 키워드인 '숨겨진 자산'이란 무엇인가를 설명합니다. 읽어보시면 **'자사/자신의 지역에도 의외로 숨겨진 자산이 있을 것 같다'**는 것을 알 수 있을 것입니다.

하지만 숨겨진 자산은 '숨겨져 있다'라는 말처럼 찾기가 쉽지 않습니다. **'숨겨진 자산을 찾는 방법'**에도 요령이 있습니다.

그래서 CHAPTER 2에서는 숨겨진 자산을 찾기 위한 **'기본적인 마음가짐'**을, CHAPTER 3에서는 **'찾기 위해 효과적인 시선'**을, 그리고 CHAPTER 4에서는 **'구체적으로 찾아야 할 장소'**를 설명합니다.

이 책의 구성

숨겨진 자산이란 무엇인가?
CHAPTER 1

숨겨진 자산을 찾는 방법
CHAPTER 2 마음가짐   CHAPTER 3 시선   CHAPTER 4 장소

숨겨진 자산을 빛내는 방법	
외부의 힘을 활용해라	**내부의 힘을 키워라**
CHAPTER 5 파트너의 힘 CHAPTER 6 응원단의 힘	CHAPTER 7 가격 전략 CHAPTER 8 비용 관리

숨겨진 자산을 계속 찾아내고, 계속 빛내라
CHAPTER 9 팀의 힘을 키우는 법

또한, 안타깝게도 숨겨진 자산을 발견한다고 해도 그것으로 성공이 보장되는 마법의 지팡이가 아닙니다. **찾은 후에 다듬고 매력을 최대한 끌어올려야 합니다.** CHAPTER 5~8에서는 구체적으로 '**숨겨진 자산을 빛내는 방법**'을 설명합니다.

숨겨진 자산을 개발하려면 자신의 힘뿐만 아니라 때로는 외부의 힘을 빌려야 합니다. 그래서 CHAPTER 5에서는 '**파트너**'의 힘을, CHAPTER 6에서는 '**응원단**'의 힘을 빌리는 방법에 대해 설명합니다(파트너와 응원단의 차이점은 본문을 꼭 읽어보시기 바랍니다). 물론, 외부의 힘에만 의존해서는 안 됩니다. **스스로의 힘을 축적**하는 것도 필요합니다. 이를 위해 필요한 것이 CHAPTER 7에서 소개하는 '**가격 전략**'과 CHAPTER 8에서 소개하는 '**비용 관리**'입니다. 특히, 지방이나 소규모 기업에서는 이 두 가지 전략이 소홀히 다뤄지는 경우가 많다고 생각합니다.

여기까지가 '숨겨진 자산을 찾아내고 빛내는 방법'에 대한 설명입니다. 실제로는 이 일련의 과정을 **몇 번이고 반복하여 성장을 지속해야 합니다.** 마지막 CHAPTER 9에서는 이를 가능하게 하는 '**강한 팀을 만드는 힘**'에 대해 설명합니다.

하쿠바를 부활시킨
지역 주민의 힘

물론, 이러한 노력은 저 혼자만의 힘으로 할 수 있는 것이 아닙니다. 아니, 저의 힘은 미미했고, 오랫동안 지역을 위해 노력해 온 많은 분들의 도움이 필수적이었습니다.

일일이 이름을 열거하자면 끝이 없지만, 그중에서도 저와 팀을 이뤄 함께 머리를 맞대고 고민한 세 명의 현지 토박이가 있습니다. 이 책에서도 자주 등장하기 때문에 여기서 소개하고자 합니다.

먼저 하쿠바 이와타케 마운틴 리조트의 부총지배인을 맡고 있는 야마자키 켄지입니다. 40대 후반의 나이에도 불구하고 골목대장의 분위기가 물씬 풍기는 그는 이와타케에서 패트롤 대장의 경험도 풍부하여 산의 구석구석까지 꿰뚫고 있는 현장감독입니다.

영업부장을 맡고 있는 오타 사토루는 토박이 중의 토박이로 바로 이곳 하쿠바 이와타케 출신입니다. 이와타케에서 모르는 사람이 없다고 해도 과언이 아닌, 누구나 좋아하는 슈퍼 영업맨입니다.

그리고 마지막으로 가장 젊은, 입사 15년차의 미야지마 코지가 있습니다. 도쿄 출신인 제가 보기엔 모두가 프로 수준인 직원들 사이에서도 한 수 위인 초절정 스키어입니다. 1998년 하쿠바를 메인 경기장 중 하나로 삼아 개최되었던 나가노 올림픽에서 당시 지역 고교생 중 가장 빠른 선수 중 한 명으로 여자 다운힐 경기에 앞서 시범 선수로 출전한 경험이 있습니다.

이 세 사람의 힘을 중심으로 이방인이자 바보인 제가 가세하여, 점차 주변을 끌어들이고 하나의 큰 물결을 만들어 내면서 하쿠바 이와타케는 '부활'에 성공했습니다.

지금부터 소개할 우리의 고군분투가 독자 여러분에게 조금이라도 도움이 된다면 이보다 더 기쁜 일은 없을 것입니다.

차례 ──

CHAPTER 9

해보지 않으면 모른다!
승부는 도전의 횟수로 결정된다 ⸺ 304
성장을 지속하기 위한 팀의 힘

에필로그

전국에서 숨겨진 자산을 찾아내자 ⸺ 330

1

아깝다!
숨겨진 자산을 찾아라

숨겨진 자산이란 무엇인가?

북알프스의 절경 속으로 뛰어드는 대형 그네 '유-후! 스윙'.
이를 보기 위해 많은 사람들이 찾아와
몇 시간의 대기 행렬이 있을 정도로 인기 있는 명소가 되었다.

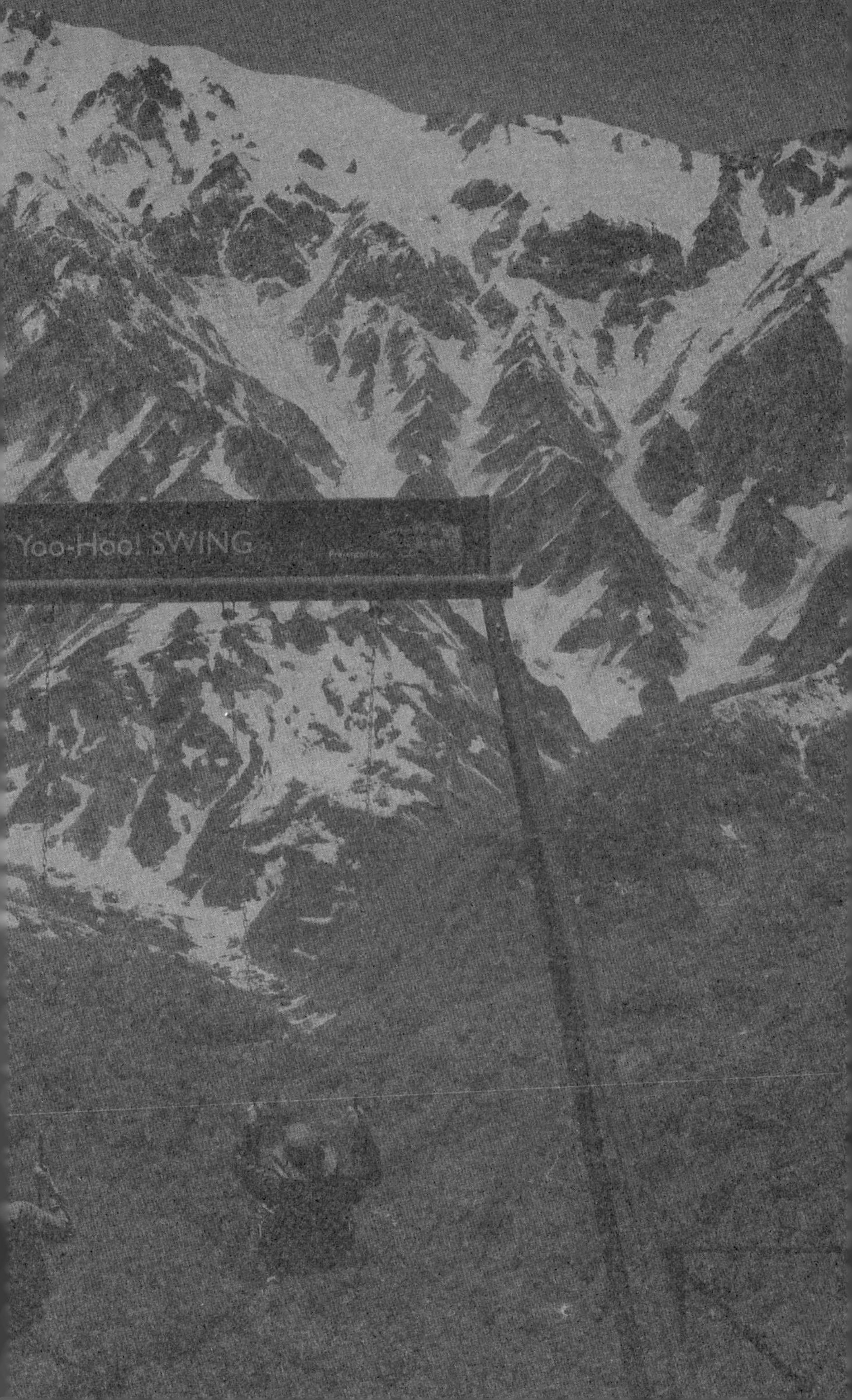
Yoo-Hoo! SWING

"우리는 어떤 사업을 하고 있으며, 고객에게 어떤
가치를 제공하고 있다고 생각합니까?"

2016년 어느 가을날 저녁.

하쿠바 이와타케 정상으로 바비큐 그릴과 다량의 술을 싣고 올라
가 작전회의를 시작했습니다. 멤버는 현장감독 켄지, 슈퍼 영업맨
사토루, 초절정 스키어 코지 그리고 저입니다.

이웃 마을의 명물인 매운 곱창을 구워 먹으면서, 방금 뜯은 캔맥주
를 한 손에 들고, 내가 세 사람에게 던진 첫 질문이었습니다.

이때, 세 사람 모두 터무니없는 표정을 하고 있던 것이 기억납니다.

"스키장이요. 스키장 비즈니스를 하고 있는 것이 당연하지 않습니
까?"

그럼 경쟁상대는 누구지요?

모두의 대답은 하쿠바 고류, 시가 고원, 노자와 온천……국내, 그것
도 같은 나가노현에 위치한 스키장의 이름밖에 나오지 않습니다.

하지만 정말 그럴까요?

비즈니스를 제대로 정의하는 것이
무엇보다 중요하다

"우리 회사의 비즈니스는 무엇인가?"

"우리 회사의 활동을 통해 고객에게 어떤 가치를 제공할 것인가?"

전략을 생각하는 데 있어 가장 중요한 전제는 자사의 비즈니스를 어떻게

정의할 것인가입니다. 이를 잘못하면 큰 전략 실수로 직결됩니다.

비즈니스의 정의를 잘못 내린 사례로 유명한 것이 디지털 카메라
가 대중화되기 전, 필름 업계에서 전 세계 1위의 점유율을 자랑했
던 미국의 이스트만 코닥입니다.

아이러니하게도 디지털 카메라를 최초로 개발한 것도 이스트만 코
닥으로 알려져 있습니다. 그러나 이 회사는 자신의 비즈니스를 '영

상을 남기기 위한 화학 필름을 고객에게 제공하는 회사'로 정의하고, 그 이외의 사업에는 집중하지 않았습니다. 그 때문에 세상이 디지털화되는 상황에서 뒤처지는 형태로 결국 2012년 파산하고 말았습니다.

이와는 대조적인 기업이 바로 필름 분야에서 코닥에 뒤처져 있던 후지필름입니다. 이 회사는 자신의 비즈니스를 '고객의 소중한 순간을 영상으로 남길 수 있는 도구를 제공하는 사업', '고객이 원하는 화학제품을 제공하는 사업'으로 재정의했습니다.

그 결과, 디지털 카메라, 액정 TV용 필름, 헬스케어 등의 사업을 적극적으로 전개하며 다양한 분야에서 세계적인 입지를 구축하는 데 성공했습니다.

그 외에도 '인스턴트 카메라 비즈니스'에 집착한 폴라로이드(2001년 파산), 인터넷 쇼핑이 급속도로 확대되는 가운데 '오프라인 매장에서의 장난감 소매업'에서 벗어나지 못한 토이저러스(2017년 파산) 등의 사례가 있습니다.

시대가 변화하는 가운데 비즈니스의 정의를 잘못 내리고, 이를 전제로 전략을 세웠다가 파멸적인 결과를 맞이한 기업의 사례는 셀 수 없을 정도로 많습니다.

비즈니스를 제대로 정의할 수 있는지, 환경의 변화에 따라 제대로 재정의 할 수 있는지는 그 기업의 생사를 가르는 중요한 포인트라고 할 수 있습니다.

우리의 비즈니스는
스키장 비즈니스가 아니다

그렇다면 우리 하쿠바 이와타케의 비즈니스 정의는 무엇일까요? 코닥의 이야기를 시작으로 드디어 불이 붙기 시작한 곱창을 입에 물고 논의는 계속됩니다.

지난 30년간 시장이 3분의 1로 줄었고, 앞으로 인구감소와 함께 시장은 더욱 작아질 것으로 보이는 국내 스키장 비즈니스. 지금까지와 같은 시합장에서 같은 경쟁자와 맞붙어도 어느새 아무도 그 시합을 보지 않게 되는 것은 아닐까요?

우리가 가지고 있는 자산은 스키장의 슬로프와 리프트가 아니라 다른 것이 아닐까요? 더 활용할 수 있는 자산이 숨겨져 있는 것은 아닐까요?

이러한 생각에서 고민하고 토론 끝에 내린 결론은 '**우리는 스키장 비즈니스를 하는 것이 아니다**'라는 것이었습니다.

우리가 싸우는 시합장은 '레저 산업'입니다. 좀 더 구체적인 말로 표현하면 다음과 같습니다.

"국내외의 고객들에게 반나절 정도의 시간을 통해, 눈에 보이는 제품이나 상품을 건네지 않고, 만족감과 상쾌함 같은 느낌과 기억을 제공하여 리프레쉬한 상태로 원래의 삶으로 돌아가도록 하는 비즈니스"

이렇게 생각하면, 경쟁자는 같은 지역의 스키장만이 아닙니다. 홋카이도나 도호쿠에 있는 스키장도 분명히 포함됩니다. 게다가 북미나 유럽의 스키장도 확실히 경쟁자로 보아야 합니다.

그리고 스키장뿐만 아니라 테마파크, 캠핑장, 골프장, 영화관, 동물원과 수족관 같은 시설들도 경쟁자가 될 수 있습니다. 교토, 오키나와 등의 관광지도 경쟁자로 봐야 할 것입니다.

유형적인 시설을 가진 것뿐만 아니라, 게임이나 스마트폰, 인터넷 등조차 생각하기에 따라 고객의 시간과 지갑을 놓고 빼앗는 경쟁자가 될 수 있습니다.

숨겨진 자산이란
무엇인가?

그렇다면 레저 산업으로써 우리가 할 수 있는 일은 무엇일까요?

지금까지 굳게 믿고 있던 '스키장'이라는 고정관념을 떨쳐내는 것으로 새롭게 할 수 있는 것이 있지 않을까요?

이를 고민하는 데 있어서의 키워드는 **'숨겨진 자산을 찾아내어 철저하게 활용하는 것'**이었습니다. 산 정상에서의 작전회의 때부터 현재에 이르기까지 우리는 '바보 같은 외고집'으로 이 생각을 계속하고 있습니다.

'숨겨진 자산'이란 쉽게 말해 **'잘 가꾸고 개발하면 회사와 지역의 보물이 될 수 있는데, 어떤 이유로 인해 묻혀 있는 것'**을 말합니다.

이미 존재하는 것을 활용하기 때문에 제로 베이스에서 무언가를 새롭게 만드는 것보다 비용도 시간도 적게 듭니다. 고객 입장에서 보더라도 '왜 그곳에서 그 비즈니스를 하는지' 쉽게 이해할 수 있습니다.

따라서 정말 잠재력 있는 '숨겨진 자산'을 찾아낼 수 있다면, 성공 확률은 크게 높아지는 것입니다.

이 '숨겨진 자산의 발견과 활용'은 이 책을 관통하는 중요한 주제가 됩니다. 그럼, 우선 이 '숨겨진 자산'이란 어떤 것인지에 대해 조금 자세하게 제 생각을 설명해 보겠습니다.

'숨겨진 자산'에는 크게 세 가지 범주가 있습니다.

① 재화

토지, 건물, 기계 등의 물리적 자산이나 그 지역 고유의 경관 등 **현재 그 가치를 충분히 고객에게 제공하지 못하고 있는 것들**입니다.

관광 업계에서 '숨겨진 자산'을 활용해 큰 인기를 얻은 유명한 사례로 나가노현 아치무라의 '별밤 투어' 비즈니스가 있습니다.

아치무라는 원래 환경성에서 선정한 '별이 가장 잘 보이는 곳' 1위로 인정받던 곳입니다. 하지만 2010년 정도까지는 온천과 스키장 등 기존 관광시설에 의존해 관광객을 유치하는 데 그쳤고, 점차 방문객이 줄어들었다고 합니다.

그런 가운데 SNOW WORLD의 사장 겸 아치무라 관광국 책임자를 맡고 있었던 시라자와 유우지와 몇몇이 나서 2012년 별빛이 가득한 밤하늘을 내세운 투어를 시작하게 됩니다. '별빛이 가득한 깨끗한 밤하늘'이라는 원래 있었던(**하지만, 활용되지 않았던**) 콘텐츠에 주목하여 철저하게 다듬어 나간 것입니다.

그 결과, 2019년에는 누적 60만 명이 방문하는 나가노현에서도 손에 꼽히는 관광명소로 자리 잡았습니다.

또한, 관련 업계에서 찾아보면 '운해(雲海)를 볼 수 있는 산 정상'이라는 입지를 활용한 홋카이도 토마무의 '운카이 테라스'가 있습니다. 도쿄에서는 오래된 운하의 주변 창고를 개조하여 수변의 입지를 최대한 즐길 수 있도록 레스토랑으로 꾸민 텐노즈의 T.Y.HARBOR가 유명합니다.

그 밖의 산업으로 눈을 돌려보면 고속도로 휴게소가 있습니다.

고속도로를 운영하는 회사들은 2000년대부터 휴게소를 리뉴얼하고, 매력적인 입주사를 입점시켜 수익화에 박차를 가하고 있습니다. 이제는 본업인 고속도로 이용요금과 맞먹는 수준의 수익을 낼 정도로 성장했습니다.

택시 안에 디스플레이를 설치하여 광고수익을 얻는 것도 '숨겨진 자산'을 활용한 좋은 사례입니다. 지금까지 아무도 활용하지 않았던 '택시 좌석의 후면'을 멋지게 수익화한 것입니다.

'숨겨진 자산'이란 이처럼 **많은 사람이 눈치채지 못했지만, 손을 대거나 경영상의 관심을 기울이면 갑자기 빛을 발하는 자산**을 말합니다.
이러한 자산은 **사실 어느 회사, 어느 지역에나 잠들어 있는 것입니다.**

② 노하우

'숨겨진 자산'은 꼭 실체가 있는 '재화'만을 의미하는 것은 아닙니다. **기존 비즈니스를 통해 축적된 사내 역량(능력, 노하우)도 '숨겨진 자산'중 하나입니다.**

일본 최대 규모의 반려동물 관련 미디어인 PECO는 자사 미디어를 확산시키면서 얻은 노하우를 바탕으로 디지털 마케팅 컨설팅을 제공하고 있습니다.

하쿠바에서 저희와 함께 비즈니스를 전개하고 있는 일본 최대의 아웃도어 종합 메이커인 스노우피크는 아웃도어 상품을 취급하던 노하우를 통해 캠핑장 운영 사업도 전개하고 있습니다. 이 또한 쉽게 말하면 '기존 비즈니스에서 얻은 노하우의 활용'이라고 할 수 있습니다.

이처럼 본업 이외의 분야로의 진출을 고민할 때 '기존의 비즈니스에서 얻은 역량이라는 숨겨진 자산'을 활용하는 것은 성공의 비결 중 하나가 됩니다.

③ 사람(고객, 팬)

지금까지의 비즈니스를 통해 쌓아온 **'고객과의 접점, 응원해주는 팬들'**도 매력적인 '숨겨진 자산'이 됩니다.

토요타 등 자동차 메이커가 추진하는 금융사업이 그 대표적인 예가 될 것입니다. 딜러에게 자동차를 구매한다는 접점을 활용하여 구매자에게 신용판매를 하거나, 보험상품을 판매하는 비즈니스입니다.

2021년 3월 기준, 토요타 그룹의 전체 영업이익 22조 원 중 약 5조

원이 금융사업에서 발생한 이익이었습니다. 고객과의 접점을 활용한 금융사업이 이제는 전체 이익의 20퍼센트 이상을 차지하는 중요한 사업으로 발전하고 있습니다.

최근 10년 정도에 걸쳐 점점 충실해지고 있는 ecute 등, JR 역사를 활용한 에키나카(역사 내 상업시설) 비즈니스 역시 '사람'이라고 하는 숨겨진 자산의 활용 사례라고 볼 수 있을 것 같습니다.

JR 역사에는 예전부터 많은 이용객들이 모여들었습니다. 하지만 JR의 수입은 기본적으로 운임료에 의존하고 있었고, 역내 매점에서의 매출은 적은 비중을 차지할 뿐이었습니다. 에키나카 비즈니스는 기차 이용객이 바쁜 시간을 쪼개어 빠르게 이용하던 역내 매점을 '제대로 쇼핑을 할 수 있는 장소'로 개발하고 발전시킨 것입니다.

스노우피크처럼 열정적인 팬을 많이 보유하고, 상품 개발이나 신제품 홍보에 팬이 큰 역할을 하는 사례도 '사람이라는 숨겨진 자산의 활용'이라고 할 수 있습니다.
스타벅스나 파타고니아처럼 팬들을 '홍보대사'로 제도화하여 신제품 홍보나 신규 고객 확보 등에 도움을 받는 경우도 이에 가까울지

숨겨진 자산의 분류와 활용 사례

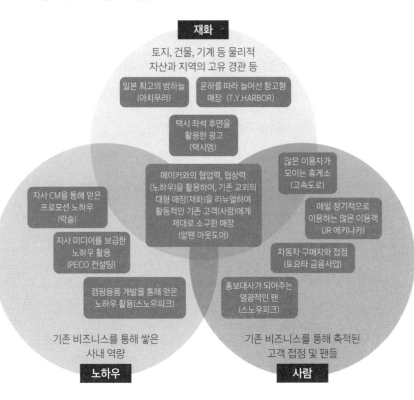

재화

토지, 건물, 기계 등 물리적
자산과 지역의 고유 경관 등

일본 최고의 밤하늘
(아치무라)

운하를 따라 늘어선 창고형
매장 (T.Y.HARBOR)

택시 좌석 후면을
활용한 광고
(택시엠)

많은 이용자가
모이는 휴게소
(고속도로)

자사 CM을 통해 얻은
프로모션 노하우
(락술)

메이커와의 협업력, 협상력
(노하우)을 활용하여, 기존 교외의
대형 매장(재화)을 리뉴얼하여
활동적인 기존 고객(사람)에게
제대로 소구한 매장
(알펜 아웃도어)

매일 정기적으로
이용하는 많은 이용객
(JR 에키나카)

자사 미디어를 보급한
노하우 활용
(PECO 컨설팅)

자동차 구매자와 접점
(토요타 금융사업)

캠핑용품 개발을 통해 얻은
노하우 활용(스노우피크)

홍보대사가 되어주는
열광적인 팬
(스노우피크)

기존 비즈니스를 통해 쌓은
사내 역량

기존 비즈니스를 통해 축적된
고객 접점 및 팬들

노하우

사람

도 모릅니다.

스노우피크의 경우, 이미 '숨겨진 자산'이라고 할 수 없을 정도로 유명한 자산 활용 사례가 되었지만, 일반 기업이나 지역이라면 그 팬들을 제대로 활용하지 못하는 경우가 대부분일 것입니다.

물론, 숨겨진 자산의 세 가지 범주인 재화, 노하우, 사람이라는 모든 요소를 복합적으로 결합하여 성공을 이끄는 경우도 적지 않습니다.

초대형 아웃도어 전문점 알펜 아웃도어^{Alpen Outdoors}의 성공 사례도 그중 하나입니다.

알펜 아웃도어는 2018년 아이치현에 1호점을 오픈했습니다. 기존의 알펜이나 스포츠 데포와 같은 스포츠 용품점이 침체하는 가운데 새롭게 오픈한 알펜 아웃도어는 초대형 아웃도어 전문점으로 지금까지 볼 수 없었던 압도적인 상품 구성을 컨셉으로 폭발적인 인기를 얻었습니다.

확실히 아웃도어의 인기가 부활하고 있었던 타이밍이라는 호재도 있었지만, 본질적으로는 다음과 같이 '숨겨진 자산'을 복합적으로 활용한 것이 성공의 비결이었다고 볼 수 있습니다.

알펜 아웃도어에서 활용한 '숨겨진 자산'

【재화】

스키의 인기 침체 등으로 매출 부진을 겪고 있던 교외의 대형 매장들

【노하우】

제조업체와 협업하여 매장을 만들어내는 기획력과 경쟁력 있는 가격을 확보한 협상력

【사람】

지금까지 알펜, 스포츠 데포의 비즈니스를 통해 온라인과 오프라인에서 쌓아온 활동적인 고객 데이터베이스

하쿠바 이와타케의
숨겨진 자산은 무엇일까?

여기서 이야기는 다시 산 정상에서의 작전회의로 돌아갑니다.

"하쿠바 이와타케에서 사실 더 많은 사람들에게 평가받아야 하는데, 활용되지 않고 있는 것들에는 뭐가 있을까요?"
"애초에 하쿠바 이와타케에서 가장 잘 팔 수 있는 것은 무엇일까요?"
제가 세 사람에게 묻습니다.

"음, 역시 산꼭대기에서 바라보는 절경이죠"라고 사토루가 말을 꺼내기 시작합니다. "현지인 누구에게 물어봐도 이와타케 정상에서 바라보는 전망은 최고라고 하더군요. 하지만 그것 때문에 이와타케에 방문하는 사람들이 많다고 할 수 없으니 이거야말로 '숨겨진 자산' 아닐까요?"

이 말에 켄지도 반응합니다. "확실히 전망은 더 어필할 수 있을 것 같아요. 지금은 옛날에 운행하던 리프트 종점이 그대로 작은 전망대가 되어 있고, 그 옆에 통나무 벤치가 세 개 있을 뿐이지만, 제대로 손을 보면 더 많은 사람을 불러들일 수 있을 거예요. 당당하게 고객을 부를 수 있는 전망 공간이 있으면 좋겠어요"

"산꼭대기에 평평한 잔디 광장과 너도밤나무 숲이 있는 것도 흔치 않은데, 이것도 '자산'이 아닐까요? 지금의 전망대도 전경은 최고지만, 그렇게 생각하면 지금은 활용하지 않지만 재미있을 것 같은 자산이 꽤 있을 것 같아요"라고 사토루가 계속 말을 이어갑니다.

"그렇군요. 저도 같은 생각입니다. 그럼 유형 재화 이외에 숨겨진 자산이라고 생각할만한 것도 있지 않을까요?"

"산꼭대기에서 평범하게 깨끗한 가게를 운영할 수 있는 능력은 꽤 가치가 있어요! 전기와 수도도 확보할 수 있고 도로도 있죠. 그리고 수십 년 동안 눈과 악천후 속에서 영업을 해온 팀의 힘은 꽤 큰 자산이 아닐까요?"

코지가 자랑스럽게 말합니다. 이에 영감을 받은 사토루는

"하쿠바에는 일정 비율로 한번 왔다가 완전히 빠져버리는 손님이 있잖아요. 여름이든 겨울이든 '이렇게 좋은 곳은 없다'며 반복적으로 하쿠바를 찾아주는 팬이랄까. 그중에는 비즈니스 업계의 유명 인사도 있어서, 이분들을 끌어들일 수 있다면 더 재미있는 일을 할 수 있을 것 같다는 생각이 들어요"

숨겨진 자산을 활용한
프로젝트 시작!

그렇게 대화를 이어가다 보니, 어느새 시곗바늘이 12시를 가리키고 있었습니다. 일찌감치 시작한 술자리는 맥주에 이어 위스키도 어느덧 바닥을 드러내고 있었습니다.

그 무렵, '숨겨진 자산'을 활용하는 상징적인 프로젝트로 전망대 겸 카페 건립과 산 정상 지역 전체를 활용하는 공간 조성 구상이 나옵니다.

결과적으로 보면, 이것이 전망대 겸 카페 '하쿠바 마운틴 하버'와 절경 속으로 뛰어드는 그네 '유-후! 스윙'으로 이어졌습니다.

하쿠바 마운틴 하버에서 활용된 '숨겨진 자산'

【재화】

하쿠바 이와타케 정상에서 바라본 북알프스의 풍경과 그곳을 향해 펼쳐진
절벽 지형

【노하우】

산 정상이라는 혹독한 조건에서도 음식점을 운영할 수 있는 능력

【사람】

하쿠바 이와타케를 사랑하는 팬의 소개로 인연을 맺게 된 THE CITY
BAKERY

【성과】

2018년 10월 개장 한 달 만에 지금까지의 그린 시즌 총 방문객 수를 뛰어
넘는 방문객 3만 명 유치

유-후! 스윙에서 활용된 '숨겨진 자산'

【재화】

10년 가까이 운행되지 않은 오래된 리프트 종점 시설

【성과】

〈알프스 소녀 하이디〉의 그네를 연상시킨다고 SNS를 중심으로 단숨에 확
산. 그린 시즌 6개월 동안 2만 5,000명 이상 이용. 혼잡한 날에는 최대 5시

두 곳 모두 기존에 가지고 있던 전망과 지형, 플랫폼을 활용함으로써 작은 투자로 압도적인 큰 효과를 낼 수 있었습니다.

중요한 것은 이것들이 '제로 베이스'에서 만들어 낸 것이 아니라는 점입니다. **원래부터 가지고 있던 가치를 어떻게 확장할 것인가를 고민한 결과, 비용 대비 효과가 압도적으로 높아진 것입니다.**

물론 '숨겨진 자산'을 잘 나열했다고 해서 성공이 보장되는 것은 아닙니다. 오히려 거기서부터 창작의 고통이 시작됩니다.

다음 장부터는 우리 팀이 어떻게 '숨겨진 자산'을 발견하고, 어떻게 다듬어 나갔는지에 대해 설명하겠습니다.

1

· 자사의 비즈니스를 '어떻게 정의할 것인가?'가 가장 중요하다.

· '숨겨진 자산'에는 재화, 노하우, 사람 3가지 종류가 있다.

· '숨겨진 자산'을 활용하는 비즈니스는 '왜 그곳에서 하는가?'
가 명확하기 때문에 고객에게 어필하기 쉽다.

· '숨겨진 자산'을 활용하는 비즈니스는 비용 대비 효과가 압도
적으로 높다.

· '숨겨진 자산'을 찾았다고 해서 성공이 보장되는 것은 아니다.

2

모방은 이제 그만!
진부함이 가장 큰 적이다

숨겨진 자산을 찾는 마음가짐

절경이라는 '숨겨진 자산'을 최대한 활용하는 것을 목표로 탄생시킨

'하쿠바 마운틴 하버'.

어디서도 따라할 수 없는 '오리지널'을 고집했다.

마운틴 하버 완성!

이곳이
절경 속으로 뛰어드는
통칭 '타이타닉'

뭐...
하고 싶어
지겠네...

"요컨대, 북알프스의 전망을 살릴 수 있는
전망대를 만들자는 거군요. 지금 가장 인기 있는
비와코의 테라스를 참고하면 되겠네요?"

이와타케 정상에서의 밤샘 작전회의(라는 이름의 술자리)가 끝나고 며칠 후의 일입니다.

평소 소통의 기반으로 삼고 있던 페이스북 메신저 그룹 '하쿠바 국제교류회'에 초절정 스키어 코지의 글이 올라왔습니다(하쿠바 국제교류회는 특별히 국제교류를 목적으로 하는 모임이 아닙니다. 멤버들과 함께 술을 마시러 가면, 반드시 하쿠바역 앞에 있는 필리핀인이 운영하는 술집에 갔던 것에서 유래되었습니다).

자, 코지는 어렸을 때부터 스키를 탔기 때문인지 한눈팔지 않고 그대로 활강, 직진하는 것이 특기인 타입입니다. 그 성격대로, 그는 빠르게 결론을 내리려고 했습니다.

하지만 나머지 멤버들의 머릿속에서는 직감적으로 '정말 그렇게 해도 괜찮을까? 이대로는 안 될 것 같다'라는 신호등이 깜빡이고 있었습니다.

숨겨진 자산을 활용하기 위한
가장 기본적인 마음가짐

페이스북에 올린 코지의 글을 계기로 활발한 의견 교환이 시작됩니다.

켄지 : 코지, 그렇게 간단할 리가 없잖아. 애초에 비와코 테라스는 호수를 내려다보는 디자인이지만, 우리가 하려고 하는 것은 눈높이보다 높은 산의 전망을 바라보는 장소라고. 비슷하게 만든다고 매력적일 수는 없지 않아?

사토루 : 재탕이라고 생각되면 미디어를 부르기도 힘들어요. 어디에도 없다는 것을 명확하게 말할 수 있는 것을 만들어야죠.

이러한 메시지를 확인한 저는 모두에게 다음과 같이 답장을 보냈습니다.

와다 : 그럼 앞으로 우리가 여러 가지를 할 때, 가장 주의해야 할 점은 무엇일까요?
우리는 '숨겨진 자산'을 활용하여 하쿠바 이와타케를 활성화하려고 합니다. 숨겨진 자산을 가장 효율적으로 활용하고, 그 효과가 영구적으로 지속될 수 있도록 해야 합니다. 그렇게 생각하면 '숨겨진 자산을 모조리 찾아서 다 써버리자'라고 생각할 수는 없겠죠.

사토루 : 광고에 돈을 많이 쓸 수 있는 상황도 아니기 때문에, 가능한 스스로 퍼져나갈 수 있는 장치를 마련하는 것이 좋다고 생각해요. 방송국 사람들에게 물어보니 '국내 최초', '국내 최대' 같은 수식어가 있으면 다루기 쉽다고 하더라고요.

켄지 : 누구도 따라 할 수 없는 것이어야 되겠네요. 하쿠바 이와타케가 아니면 할 수 없는 것, 이런 것에 집착하는 느낌?
그렇다면, 왜 하쿠바 이와타케에서 하는지에 대한 스토리도 잘

전달할 수 있고, 사람들도 일부러 이와타케까지 와서 경험하고 싶다고 생각하겠죠. 그런 것이 사토루가 말하는 가능한 자연스럽게 퍼뜨린다는 것으로 이어지지 않을까요?

코지 : 그렇군요……반대로 누군가를 따라 하면, 또 다른 누군가가 쉽게 따라 할 수 있겠군요.

이제야 이야기가 제자리를 잡기 시작했습니다. 이때의 이야기를 제가 정리를 하면서 이야기는 마무리됩니다.

와다 : 그럼, 숨겨진 자산을 활용하는 데 있어, 다음과 같은 기본 입장을 가집시다.

다른 곳에서 잘되고 있는 사례를 단순히 모방하는 것이 아니라 '하쿠바만의' 또 '국내 유일, 국내 최초, 국내 최대'를 고집하자.

다른 곳에서 잘되고 있는 사례에 대해서는 '왜 잘되고 있는지'를 우리 나름대로 분석하고, 그 좋은 요소는 참고하자.

다만, 우리가 그것을 시작할 때는 그 요소들을 제대로 재구성하고 새로운 가치를 더하자.

목표는 '제3자의 눈으로 봤을 때 명확하게 독자적인 것으로 인

정받는 것'입니다.

그렇게 함으로써 반짝 인기를 끌고 사라지는 것을 피할 수 있고,

고객들이나 미디어에게도 쉽게 인지되고 퍼져나갈 수 있다는

것이죠.

이것이 숨겨진 자산을 활용하는 데 있어서의 '첫 번째 방침'이 되었
습니다.

하쿠바 마운틴 하버의
독특함은 무엇인가?

하쿠바 마운틴 하버는 한마디로 '리프트나 곤돌라를 타고 산 정상까지 올라가서 전망을 즐기는 곳'입니다. 이러한 구상 자체는 결코 드문 것이 아닙니다.

'재화의 숨겨진 자산'에서 소개한 홋카이도의 운카이 테라스도 그렇고, 코지가 언급했던 시가현의 비와코 테라스도 있습니다. 저희와 가까운 곳에서는 나가노의 소라 테라스도 있습니다.

북알프스의 절경이 압도적인 매력을 지닌 '숨겨진 자산'이라는 점에 대해 우리는 강한 확신을 가지고 있었습니다. 하지만, 이러한 선례가 있기 때문에 확실히 유니크함을 제대로 살리지 못하면 묻혀 버릴 위험성이 있다는 점을 부정할 수 없었습니다.

구체적으로 어떻게 하면 좋을지, 아이디어를 짜내기 위해 계속 머리를 싸매고 고민하게 됩니다.

다시 하쿠바 국제교류회의 메시지 창입니다. 제가 질문을 합니다.

와다 : 어떤 것에 집중하고 싶으신가요? 어떤 점이 우리만의 독특함이라고 단언할 수 있는 포인트가 된다고 생각합니까?

켄지 : 북알프스를 정면으로 바라보는 그 전망은 비슷한 전망대에서 보는 경치 중에서도 특별합니다. 하쿠바에서 태어난 지 40여 년이 지났지만, 맑은 날 산을 볼 때마다 아름답다, 대단하다, 하쿠바에서 태어나서 다행이라고 생각해요. 그것을 직설적으로 표현하면 어느 정도 차별화를 할 수 있지 않을까요?

사토루 : 그럼 산을 제대로 보여주는 디자인을 고민하는 것은 필수네요. 어떤 것이 좋을지는 전문가와 함께 생각하겠지만, 그 부분만은 빼놓을 수 없죠. 누구한테 부탁하면 좋을까요?

코지 : 하지만 다른 전망대도 디자인적인 고민은 당연히 하고 있을 거예요. 물론 다른 시설보다 좋은 디자인, 세련된 디자인을 고집하는 것도 중요하지만, 그것만으로는 약하지 않을까요?

코지도 이젠 꽤나 이야기를 잘 소화할 수 있게 되었습니다. 직설적이지만 매우 중요한 지적입니다.

결국, 이날의 대화는 제가 **"다른 곳에서 하는 것을 좀 더 세밀하게 들여다보고, 어디에서도 하지 않는 요소를 찾아내면 어떨까요?"** 라고 마무리했습니다. 한동안 모두 인터넷 서핑에 빠졌습니다.

며칠 후, 밖에서 일을 마치고 회사로 돌아오니 흥분한 표정의 사토루가 기다리고 있었습니다.

"아, 사장님! 제가 눈치챈 건데요. 절경을 바라보며 제대로 된 식사와 커피를 즐길 수 있는 곳은 어디에도 없는 것 같아요. 어디나 기껏해야 간식거리만 팔잖아요. 하지만 산 위에서 먹는 음식은 정말 맛있잖아요. 이건 통하지 않을까요?"

듣고 보니, 우리도 무슨 일이 있을 때마다 산 정상에서 바비큐를 하고 있었습니다.

저도 처음으로 산 정상 바비큐에 초대받았을 때의 감동을 잊을 수 없습니다. 투박한 남자의 요리가 어떤 고급 레스토랑의 코스 요리보다 더 맛있게 느껴졌습니다.

"그럼, 바비큐 같은 것 말인가요?"
단순한 제 생각에 반기를 든 것은 켄지였습니다.
"아니, 가장 어필하고 싶은 것은 젊은 여성이죠. 안목 있는 여성들도 만족할 수 있는 세련된 요리와 공간을 제공하고 싶어요. 그렇게 할 수 있다면, 입소문은 저절로 퍼져나갈 거예요. 그러기 위해서는 바비큐는 좀 그렇죠"

그렇습니다. 사토루와 코지도 모두 "그렇지", "맞아"라며 납득하는 모습이었습니다.

디테일에 대한 집념
- 전망을 최우선으로 고려한 디자인

"산을 철저하게 아름답게 보이게 하는 디자인"

"맛있는 식사와 커피, 세련된 공간과 절경의 결합"

이렇게 방향이 정해지면서, 이제는 실행만 남았을 뿐입니다.

디자인에 관해서는 삿포로에 있는 '엔도 건축 아틀리에'의 대표 엔도 켄이치로 선생님에게 많은 도움을 받았습니다. 지금 돌이켜보면 꽤나 엉성했던 저희의 요청을 세심하게 구체화시켜 주셨습니다.

그중에서도 가장 신경을 쓴 것은 이곳을 찾은 방문객이 어느 장소에서 "우와~!"하고 깜짝 놀랄만한 장치였습니다.

하쿠바 마운틴 하버는 하쿠바 이와타케의 곤돌라를 타고 정상에 내려 숲속을 200미터 정도 걸어간 곳에 위치해 있습니다. 그곳에 펼쳐진 북알프스와 맞닿은 절벽에 테라스와 카페 건물이 만들어졌습니다.

이 테라스에 도착하기 전까지는 숲과 건물들이 방문객의 시야를 미묘하게 가릴 수 있도록 설계되어 있습니다. 테라스에 들어가기 위해서는 다리를 건너야 하는데, 이 다리를 건너는 동안에도 양옆으로 늘어선 건물들이 액자처럼 시야를 가리고 있어 주변 분위기를 알 수 없게 되어 있습니다.

그리고 그 액자를 벗어나는 순간, 갑자기 시야가 확 트입니다. 북알프스의 전경과 주변의 고산 봉우리들이 늘어져 있는 전망이 한꺼번에 펼쳐지게 되는 것입니다.

실제로 맑은 날에는 그 지점에서 반드시라고 말해도 좋은 정도로 고객들이 멈춰 서서 "우와~!"라는 소리를 질러 줍니다. 또 어떤 분들은 말을 잊고 그 자리에서 굳어버립니다(이것이 우리가 보기에 가장 기쁜 리액션입니다).

우리의 유니크함에 대한 고집, 전망을 살리기 위한 디자인적인 집념이 잘 살아나는 순간입니다.

멋스러움을
추구하다

또 다른 디자인적 고집은 앉은 자리에서 시선이 바로 앞사람에 의해 방해받지 않도록 테라스를 디자인하는 것입니다. 경기장의 좌석처럼 단을 만들어 앞에 앉은 사람이 뒤에 앉은 사람의 시야를 가리지 않도록 했습니다. 이렇게 함으로써 어느 곳에 앉아도 북알프스의 전경과 마주하고 있는 느낌을 즐길 수 있습니다.

그리고 마지막은 북알프스를 향해 튀어나온 돌출부(우리는 이곳을 '타이타닉'이라고 부릅니다)입니다. 타이타닉에 서면 대자연에 360도 둘러싸인 듯한 느낌을 맛볼 수 있습니다. 물론 사진 명소로서도 최고의 인생샷을 찍을 수 있습니다.

또한, 타이타닉은 하쿠바 마운틴 하버의 좌석에서 내려다보는 무대의 역할도 수행합니다. 실제로 이곳은 음악 행사와 같은 무대로 활용하고 있습니다.

여러분은 혹시 'Cercle'이라는 유튜브 채널을 알고 계신가요? 전 세계의 절경과 세계유산에서 디제잉을 하고 이를 유튜브를 통해 전 세계에 전파하여 인기를 얻고 있습니다.

이 Cercle이 일본에서 최초로 선택한 곳이 바로 하쿠바 마운틴 하버였습니다. 당연히 디제잉이 이루어진 곳은 타이타닉이였고요.

공연은 그래미상 후보에 오른 경험이 있는 미스터리한 중국계 미국인 DJ/프로듀서 'ZHU'가 맡았습니다. 하쿠바 마운틴 하버의 압도적인 풍경과 경치를 배경으로 타이타닉의 특징적인 세팅과 함께 했기 때문에 전 세계 많은 사람들에게 충격을 줄 수 있었다고 생각합니다.

저는 그날, 날개 돋친 듯이 팔리는 맥주와 음료를 서빙하느라 공연의 훌륭함을 100퍼센트 즐길 수 없었지만, 이후 유튜브에서의 반응이 너무 좋아 깜짝 놀랐습니다.

현재 유튜브에서는 이미 1,000만 회가 넘는 조회수를 기록하고

하쿠바 마운틴 하버 입구

절경과 마주할 수 있는 일명 '타이타닉'에서 사진 촬영을 하는 손님들

있습니다. 댓글을 봐도 "I couldn't think of a more beautiful location! Awesome music and awesome location. This is next level(이보다 더 아름다운 장소는 없다고 생각합니다! 훌륭한 음악과 엄청난 장소. 이것은 차원이 다릅니다!)"라며 극찬 일색입니다.

전망을 최우선으로 한 디자인에 대한 고집이 전 세계적으로 인정받은 것 같아 매우 기쁘게 생각합니다.

맛있는 요리와 절경의
더블 캐스팅

또 하나의 고집은 '맛있는 식사와 커피, 세련된 공간과 절경을 결합하는 것'입니다.

그 점에 대해서는 THE CITY BAKERY를 운영하는 FONZ를 만나 입점하게 된 것이 극적인 차별화 요소가 되었습니다.

THE CITY BAKERY는 히로오, 아카사카, 긴자 등 도심의 하이브 랜드 지역에 다수의 인기 매장을 운영하고 있는 베이커리 카페입니다.

그런 THE CITY BAKERY가 하쿠바 마운틴 하버에 입점한 것은 오픈과 함께 빠른 속도로 방문객들이 찾아주신 가장 큰 배경이 되었음이 틀림없습니다. "그 유명한 THE CITY BAKERY의 맛있는 빵과 커피를 THE CITY BAKERY의 세련된 매장 안에서 절경과 함께 즐길 수 있다"라는 입소문은 빠르게 퍼져 나갔습니다.

결과론적인 이야기지만, THE CITY BAKERY가 입점한 덕분에 소구 포인트가 매우 명확해졌습니다. '도시에서도 인기 있는 빵과 커피'×'세련된 공간'×'절경'이라는 공식은 하쿠바에 와본 적이 없는 사람에게도 그 즐거움이 어느 정도 전해지게 됩니다.

이 알기 쉬운 설명 덕분에 실제로 방문해주신 손님들 대부분이 SNS를 통해 홍보를 해주고 계시고, 우리의 인지도를 크게 높여주었다고 생각합니다.

실제로 오픈 이후로 #하쿠바마운틴하버, #hakubamountainharbor 태그를 붙이고 올려주신 인스타그램의 게시물 수는 이미 1만 5,000건이 넘었습니다. 게시된 사진이나 글을 보더라도 식사와 음료를 언급하는 경우가 대부분입니다.

단순히 다른 곳을 따라하는 전망시설을 만드는 것이 아니라, 독창성을 고집한 것이 이러한 성과로 이어진 것입니다.

'맛있는 식사와 커피, 세련된 공간과 절경을 결합한다'에 대해서는

CHAPTER 5에서 그 과정 등을 포함하여 자세히 소개하고자 합니다.

국내 최초의
마운틴 카트

'국내 최초', '이곳에서만 가능한 것'을 고집하는 또 하나의 노력으로 2021년 여름부터 시작한 마운틴 카트가 있습니다. 마운틴 카트란 엔진이 없는 카트를 타고 내리막 산악 코스를 달리는 액티비티입니다.

2018년 이후, 그린 시즌 방문객이 빠르게 증가해 왔습니다. 그래서 더욱 고객의 만족도를 높이기 위해 다양한 액티비티를 제공하고자 생각한 것이 발단이었습니다.

스키장의 그린 시즌 액티비티로는 짚라인, 슬라이더(봅슬레이), 캠

카트를 타고 비탈길을 내려가는 마운틴 카트

핑장 등이 일반적입니다.

하지만 우리는 항상 '하쿠바만의, 국내 유일, 국내 최초, 국내 최고'를 고수할 것을 굳게 다짐하고 있었습니다. 따라서 새롭게 도입할 액티비티에 대해서도 기본적으로 다른 곳에서 이미 시행 중인 것은 우선순위에서 제외했습니다.

이런 관점을 가지고 평소에도 팀원들이 하나가 되어 '아직 국내에 없는 것 중에 재미있을 것 같은 것'을 구글과 유튜브 등을 통해 매일같이 찾아다녔습니다.

그러던 중 우연히 발견한 것이 유럽의 몇몇 스키장에서 도입이 진행되고 있던 독일에서 시작된 액티비티인 마운틴 카트였습니다.

사업성과 미디어 수용성 등을 팀 내에서 간단히 검증하고, 괜찮다 싶어 바로 독일 회사에 이메일로 연락을 취했습니다. 의사소통에 다소 어려움을 겪었지만 6개월 만에 영업을 개시할 수 있었습니다.

이때부터 '국내 최초'라는 캐치프레이즈를 많이 사용하게 됩니다. 그러다 보니 방송국의 취재도 많이 들어왔고, 뉴스나 예능 프로그램을 통해 전국에 알려지게 되었습니다. SNS와 유튜브 등에서도 많이 소개되면서 마운틴 카트는 순조롭게 출발할 수 있었습니다. 개업 직후부터 휴일에는 만원 행렬이 이어졌고, 고객 모두가 즐길 수 없는 상황이 계속되었습니다. 그래서 처음에는 6대로 시작한 서비스를 11월에는 20대 가까이 카트 수를 늘리고, 새로운 코스도 오픈하여 더 많은 방문객들이 즐길 수 있게 되었습니다.

모방은
이제 그만!

안타깝게도 일본의 관광지나 지자체는 '다른 곳에서 잘 되는 것을 그대로 따라하면 괜찮다'라는 경향이 강한 것 같습니다. 특히, 지자체가 관여하는 관광시설은 담당자가 리스크를 부담하고 싶지 않은 탓인지 이러한 경향이 더 강합니다.

'이 시설은 이웃 지역에 있잖아요?', '이것은 굳이 이 지역에서 하지 않아도 되지 않을까요?'라는 생각이 드는 시설들이 많아서, 제가 관광객으로 돌아다녀도 기대감이 떨어지는 시설이 많다는 것을 실감합니다.

그렇게 붕어빵처럼 어딜 가나 똑같은 콘텐츠 만들기만 성행하다 보니, 관광산업 전체의 매력이 떨어지지 않았나 하는 생각도 듭니다.

우리의 '유-후! 스윙'은 압도적인 위치와 '하이디의 그네'를 연상시키는 심플한 구조로 입소문을 타면서 전국 언론에서 여러 차례 소개되었습니다. 어디서도 볼 수 없었던 시도가 인정받으며 홍보적인 측면에서 유인책이 강했던 것입니다.

하지만 이후로 놀랍게도 전국 각지에 '비슷한 그네'가 만들어졌습니다. 인근 지역의 대형 관광시설에서도 2021년부터 비슷한 그네를 시작하게 되었습니다.

저도 홈페이지에서 확인해봤지만, 그네 상단의 디자인이나 가격, 시간 설정, 체중 제한, 심지어 이용자에 대한 주의사항까지 '유-후! 스윙'과 동일했습니다. '복사해서 붙여넣기라도 한 건가'라는 생각이 들 정도로 매우 유감이었습니다.

더군다나 더 황당한 문의도 있었습니다.

외부에서 걸려온 전화를 받았더니 "당신들이 만든 그네가 인기가 많다고 들었다. 우리도 같은 것을 만들려고 하는데, 어느 정도 비용이 들었고 어디에 의뢰하면 만들 수 있는지 알려달라"는 것이었습니다(역시 어느 지자체에서 온 전화였습니다).

좀 더 고민해보시는 것이 좋지 않겠느냐며 업체 외의 정보는 조심스럽게 거절했습니다.

여기에 뿌리 깊게 존재하는 것이 역시나 '따라하기' 문화라고 생각합니다.

따라하기 문화에서 벗어나, **그곳에 있는, 그곳에만 있어야 하는, 정말로 잠재력 있는 '숨겨진 자산'을 찾아내고, 그것을 어떻게 활용할 것인가.** 이것을 진심으로 고민하고, 팀원들이 머리를 맞대고 지혜를 모으지 않는 한, 진정으로 매력적인 관광시설 및 지방을 만들 수 없을 것입니다.

다음 장부터는 우리가 어떻게 모방에서 벗어나고, 우리만의 숨겨진 자산을 발견하고 활용해왔는지에 대해 설명하고자 합니다.

2

- · '이곳에만 있는', '국내 유일, 국내 최초, 국내 최고'를 고집한다.

- · 다른 사례에 대해서는 '왜 잘 되는지'를 나름대로 분석하고,
  성공 요인은 참고한다.

- · 다만, 우리가 그것을 시작할 때는 성공 요인을 제대로 재구성
  하여 새로운 부가가치를 더한다.

- · '제3자의 눈으로 봤을 때 명확하게 독자적인 것으로 인정받
  을 수 있는 것'을 목표로 한다.

- · 단순한 '따라하기'는 절대 금지한다.

3

일단 즐겨라!
좋은 것은 현지인들이
알고 있다

숨겨진 자산을 발견하는 시선

지역 동호인들의 힘으로 재탄생한 '하쿠바 이와타케 산악자전거 파크'.
'산악자전거의 성지'로써 이와타케의 부활을 알리는 신호탄이 되었다.

"뭔가 재미있는 것이 없을까요?"
"하쿠바에서 아직 활용하지 못하고 있는
매력적인 자원은 뭘까요?"

하쿠바 국제교류회 멤버를 비롯한 지역민들과 이야기를 나눌 때,
제가 자주 하는 입버릇 중 하나입니다.

또한, SNS나 인터넷에서 발견한 재미있는 기사나 맛있어 보이는
가게와 음식, 재미있어 보이는 놀이기구의 링크를 하쿠바 국제교
류회 멤버들에게 보내면서 "이런 것을 하쿠바 이와타케에서 하면
어디서 어떻게 해야 재미있을까요?"라고 물어보는 것도 빼놓을 수
없는 질문입니다.

반대로 켄지나 사토루로부터 저것을 해보고 싶다, 이것을 해보고
싶다는 아이디어가 나올 때도 많습니다. 그럴 때는 제가 다음과 같
이 물어봅니다.

"그게 정말 고객들에게 어필할 수 있을까요?"
"어떻게 하면 좀 더 쉽게 전달할 수 있을까요?"
"그 아이디어를 하쿠바만의 유니크한 것으로 만들 수 있을까요?"

"그 투자에 걸맞은 효과를 내려면 이런 것을 해야 하는 것 아닐까요?"

정말 좋은 것은
현지인들이 알고 있다

이러한 교류의 근저에는 '하쿠바의 좋은 점과 즐기는 방법은 30대 후반이 되어서야 비로소 하쿠바에 푹 빠지기 시작한 나로서는 알 수 없다. 태어나서 지금까지 하쿠바를 즐기고 일해 온 현지 멤버들이 하쿠바를 100배는 더 잘 알고 있다'라는 신념이 있습니다.

반면, 숨겨진 자산 그대로는 고객에게 그 매력이 효과적으로 전달되지 않을 가능성이 높습니다. 그러면 비즈니스적으로 매력이 떨어집니다.

여기에서 남의 흉내를 내지 않고 숨겨진 자산을 찾아내어 효과적으로 활용하기 위해 필요한 마음가짐이 도출됩니다.

즉, **하쿠바를 잘 아는 현지 멤버들이 가진 '내부의 눈'과 외부에서 온 저와 같은 사람들이 가진 '외부의 눈'을 잘 융합하여 프로젝트를 진행**할 수밖에 없다는 것입니다.

외부에서 온 제 역할은 일종의 마케터 또는 프로젝트 매니저라고 할 수 있습니다. 주위에 자극을 주면서 아이디어를 끌어내고, 그 아이디어를 외부의 눈으로 다듬고, 최종적으로 진행을 관리하면서 완성으로 이끄는 것이 외부에서 온 사람의 역할입니다.

이런 생각을 하게 된 배경에는 하쿠바에 와서 겪은 수많은 실패가 있었습니다. '내가 모든 아이디어를 다 내어야 한다'는 강박관념에 사로잡혀 독선적으로 일을 추진했던 것이죠.

지금 생각하면 얼굴이 붉어지는 일이지만, 이 책을 읽는 독자 여러분에게 반면교사가 되었으면 하는 바람에서 소개하도록 하겠습니다.

대실패로 끝난
슬로프 바비큐

저의 독선적인 생각만으로 움직인 결과, 실패했던 첫 번째 기억은 겨울 스키장의 한가운데서 바비큐를 하는 이벤트였습니다.

하쿠바에 온 지 2년째 되는 겨울, 처음으로 제 자신의 아이디어로 개최한 행사였습니다. 'Iwatake Winter BBQ&Beer Festival'이라는 이름으로 당시 인연을 맺고 있던 맥주회사와 도쿄에서 바비큐 식당을 운영하는 회사와 함께 기획한 이벤트였습니다.

이와타케 산 아래에서 개최한 이 행사는 지금 생각해보면 이와타케의 현장을 총괄하는 현장감독 켄지의 아이디어와 협력 없이는 진행될 수 없었습니다. 그러나 당시 저와 켄지는 서로 깊은 교류를 하고 있었다고는 할 수 없는 상황이었습니다.

돌이켜보면, 아마도 '이 도쿄대 출신이 정말 일을 할 수 있을까?', '이론만으로 현장이 움직이는 게 아니야. 할 수 있으면 해보지 그래?' 정도의 눈으로 바라봤던 것 같습니다.

한편으로 제 입장에서는 '뭔가 성과를 내서 사람들에게 신뢰를 얻어야 한다'는 조급한 마음도 있었습니다. 그러다 보니 현지 멤버들 누구와도 제대로 된 상의를 하지 않고 일을 진행했습니다. 당연한 일도 놓치고 있었던 것입니다.

'눈 위에서 바비큐를 한다'라는 평소에는 경험하기 힘든 아이디어이기 때문에 많은 사람들이 관심을 가질 것이다. 그런 달콤한 속임수로 친분이 있는 사업자를 끌어들여 기획을 진행해 버린 것입니다.

이벤트 당일. 여러분들의 상상대로 결과는 참담했습니다.

이벤트의 집객 방법도 현장 스탭들과 제대로 정리하지 않고, 보도 자료를 내고 사전 예약용 홈페이지를 만들고 나머지는 스키장 시설에서 전단지를 나눠주면 충분하다고 생각했습니다.

막상 뚜껑을 열어보니 사전 예약은 몇 커플이 전부였고, 당일 날씨가 좋지 않아 스키장 내에서 즉흥적으로 찾아오는 손님도 거의 없었습니다.

결국 "애초에 이런 추운 곳에서 생맥주를 파는 것이 넌센스"라는 불평을 들으면서 켄지에게 현장 세팅을 맡기게 됩니다. 하지만 기온이 영하 10도까지 내려가고 눈보라가 휘몰아치는 가운데 바비큐나 맥주에 좀처럼 손이 가지 않습니다.

급기야는 가장 많이 팔리던 생맥주 서버가 얼어붙어 거품만 나오면서 고객들에게 제공할 수 없는 지경까지 이르렀습니다. 메인 상품도 제공하지 못하고, 사람들도 거의 없는 쓸쓸한 분위기 속에서 시간만 지나갔습니다.

그날의 유일한 수확은 시간이 넉넉했기 때문에 결국 현장 관리에 말려들어 버린 켄지와 이야기를 많이 나눌 수 있었다는 것일까요? 지금까지 겨울에는 어떤 이벤트를 기획해 방문객들에게 즐거움을 선사했는지, 재미없는 이벤트에 휘말린 것에 대해 미안한 마음을 가지면서 가르침을 받았습니다.

'사전에 어떤 이벤트가 하쿠바와 어울리는지 이야기를 들었어야 했다'

'실제로 현장에서 운영이 가능하고, 고객들이 좋아할 만한 것은 무엇인지 물어봤어야 했다'

후회되는 생각으로 가슴만 답답해져 갔습니다.

이런 일을 통해 **'현장을 잘 아는 사람에게 아이디어를 이끌어내는 것'이 가장 중요**하다는 것을 새삼 느끼게 되었습니다.

하쿠바로
백마를 데려와라

또 하나 '좀 더 하쿠바에 뿌리를 둔 아이디어를 끌어내야겠다'라고 교훈을 얻은 실패도 있습니다. 그것은 같은 겨울 시즌에 진행했던 '하쿠바(白馬)로 백마를 데려와라' 캠페인입니다.

이것은 당시 의뢰했던 홍보회사에서 제안한 아이디어였습니다.

스키 시즌 중 2주 동안 백마와 관련된 아이템을 가져오는 방문객에게는 각종 선물을, 진짜 백마를 타고 방문한 고객에게는 선착순 1명에게 3년짜리 스키장 시즌권을 증정하는 기획이었습니다.

하쿠바라는 지역 브랜드는 특히 젊은 세대를 중심으로 인지도가 해마다 떨어지고 있었습니다. 그래서 미디어와 온라인상에서 이슈를 만들고, 하쿠바라는 지명을 알리는 것만을 목적으로 한 흥미 위

백마를 하쿠바로 데려와라 캠페인 백마 방문 기념식 모습

주의 캠페인이었습니다.

지금 생각해보면 홍보회사의 제안을 단순히 '재미있겠다'라는 생각으로 진행시킨 프로젝트였습니다. 현장의 아이디어를 충분히 반영한 프로젝트라고 할 수 없었습니다.

캠페인 자체는 몇몇 언론에서 '바보 같은 이야기'로 소개되었습니다. 게다가 실제로 백마를 타고 방문하겠다는 사람이 있어, NHK에서도 10분 정도 특집으로 다루어 주었습니다. 당초 바라던 만큼의 효과는 거두었다고 생각합니다.

그러나 어찌 됐든 '억지로 만들어낸 한 방'을 넘어서는 것은 아니었습니다. 과연 얼마나 하쿠바의 이름을 몰랐던 사람에게 그 이름을 알릴 수 있었는지, 그로 인해 실제 방문으로 이어진 사람이 정말 있었는지는 의문부호가 되어 버렸습니다.

다음 이야기로 이어지지도 않고, 그 해에 단발성 이벤트가 되어버린 것도 효과가 커지지 않은 요인으로 작용했다고 생각합니다.

당시 친근하게 말을 걸어온 슈퍼 영업맨 사토루도 "아이디어는 재미있었지만, 다음으로 이어지지 않네요"라며 쓸쓸한 코멘트를 날렸습니다.

'표면적으로 재미있는 것이 아니라, 하쿠바만의 장점을 깊이 있게 파고들어 아이디어를 구축하지 않으면 오래 지속되지 않는다. 그러기 위해서는 **외부에서 말하는 것을 그대로 믿고 일을 진행하는 것이 아니라, 팀 내에서 서로 의견을 나눌 수 있는 환경부터 만들어야 한다**'는 것을 다시 한번 깨닫는 계기가 되었습니다.

외부의 눈도
물론 중요하다

물론, 지역 멤버들의 의견을 잘 듣고 있다고 해서 모든 일이 잘되는 것은 아닙니다. 그게 사실이라면 애초에 각 지방의 관광산업이 이렇게 어려워질 리가 없습니다.

'외부의 눈'에도 의미가 있다는 것을 지역 멤버들에게 제대로 이해시킨 후, 현지의 의견과 '외부의 눈'을 잘 융합해야 할 필요가 있습니다.

내부의 눈만으로는 좀처럼 진행되지 않던 것이 외부의 눈을 가진 사람이 들어오면서 잘 진행된 프로젝트도 있습니다.

그중 하나가 '하쿠바 밸리 10개 스키장'의 공통 자동개찰 시스템 도입 프로젝트입니다. 이 프로젝트는 제가 하쿠바에 온 지 2년째인

2015년부터 2016년에 걸쳐 진행된 프로젝트입니다. '하쿠바 밸리'는 하쿠바무라, 오마치시, 오타니무라의 세 지역에 걸쳐 있는 10곳의 스키장을 통칭하는 말입니다.

특히, 해외 스키어들은 하쿠바 이와타케와 같은 개별 스키장의 이름을 숙지하고 행선지를 정하지 않습니다. 그저 "하쿠바라는 지역이 좋다던데요"라는 소문을 듣고 찾아오는 경우가 대부분입니다. 따라서 지역 전체의 브랜드 인지도를 높이고, 방문한 스키어들의 만족도를 높이는 것이 중요합니다. 이를 위한 장치로 도입된 것이 '하쿠바 밸리'라는 개념입니다.

하쿠바 밸리의 로고를 정하고 공동으로 지역 홍보를 하는 것 외에도 셔틀버스, 공통 리프트권 등 인프라 구축을 10개 스키장이 공동으로 진행하고 있습니다.

그중에서도 해외 스키어들에게 10개 스키장을 쉽게 이용할 수 있는 공통 리프트권의 존재는 매우 중요합니다. 그들은 한번 방문하면 평균 7~10일 정도를 하쿠바 지역에 머물기 때문에 여러 스키장을 이용하지 못하면 싫증을 내기 쉽습니다.

'하쿠바 밸리 티켓'이라는 이름으로 불리는 공통 리프트권은 2013

년부터 판매되어 왔습니다. 그러나 당시에는 스키장마다 자동개찰 시스템이 제각각이었습니다. 따라서 공통 리프트권이라고 하지만 종이 티켓과 같은 형태로 매일 아침 해당 스키장의 자동개찰기에서 사용할 수 있는 티켓으로 교환해야 했습니다.

고객 입장에서는 매번 매표소에 줄을 서야 하기 때문에 결코 편리한 티켓이라고 할 수 없었습니다. 실제로 외국인 관광객을 대상으로 실시한 설문조사에서도 이와 관련된 불만이 쏟아지고 있었습니다.

이것을 어떻게든 해결해야 한다는 생각은 각 스키장 경영진(대부분 현지인)에게도 있었습니다. 하지만 실제로 시스템을 공통화하려고 하면 큰 투자가 필요할 뿐만 아니라, 각 스키장이 원하는 것을 도입할 수 없게 됩니다.

결국, 서로 눈치를 보며 망설이다가 몇 년 동안 이 문제는 방치되어 왔었습니다.

컨설팅 및 공무원의
경험을 살리다

외부에서 온 저는 이대로는 해외 스키어들의 만족도가 높아지지 않고, 다른 지역 스키장으로 빠져나갈 위험이 높다는 위기의식에 사로잡혔습니다.

'**외부의 눈**'에서 냉정하게 보면 고객 만족도를 높이지 않고서는 미래의 수익을 확대할 수 없습니다. 또한, 초기 투자에 대해서는 노력 여하에 따라 낮출 수 있는 가능성이 높다고 판단했습니다.

이것을 각 스키장에 설명하고, 어떻게든 검토 프로젝트를 진행하기로 합의를 봤습니다.

저는 원래 컨설팅 업계에 종사할 때, 조달비용 절감 프로젝트 등을 경험한 적이 있습니다. 그때의 경험과 지식을 총동원하여 도입 비용을 낮추기 위해 노력했습니다.

그러던 중 국내에서 스키장 자동개찰 시스템을 취급하는 회사가 사실상 한 곳으로 독과점 상태라는 것을 알게 되었습니다. 이렇게 해서는 조달비용을 낮출 수 없습니다. 우선 경쟁자가 필요했습니다. 그래서 우리는 국내에서 거의 실적이 없던 해외 업체를 찾아다니며 비용 절감의 철칙 중 하나인 비교 견적이 가능한 시스템을 마련하게 됩니다.

비용 절감을 위한 또 하나의 철칙이 바로 볼륨 할인을 잘 활용하는 것입니다. 이번 하쿠바 밸리의 발주 물량을 정리하여, 국내에서 이보다 더 큰 거래가 앞으로 더 없을 것임을 양사에 분명히 전달했습니다.
이후 견적을 세부 항목까지 받아 세부 항목별로 가격을 비교하고, 유사 항목에 대해서는 금액이 낮은 쪽에 맞추면서 몇 차례 견적을 수정해 나갔습니다.
이러한 과정을 거치면서 투자 금액을 상당히 절감할 수 있었습니다.

그럼에도 불구하고 투자를 망설이는 스키장이 여럿 있었습니다.

그래서 이번에는 지자체를 타겟으로 삼았습니다.

다소 난항을 겪었지만, 이번 투자가 지역에 얼마나 도움이 되는지를 설명한 결과, 일부 지자체에서 '이번에 하쿠바 밸리에 속한 스키장들과 함께 투자를 한다면'이라는 조건으로 보조금을 지원받을 수 있게 되었습니다.

또한, 이와 별도로 국가 보조금도 찾아 신청하여 투자 금액의 일부를 보조받을 수 있게 되었습니다. 이 부분은 공무원으로서 '서류 업무'를 열심히 했던 경험이 다행히도 도움이 되었다고 생각합니다.

일본 최대의
스키장 탄생

자동개찰 시스템의 개편은 어차피 언젠가는 해야 하는 투자입니다. 게다가 이번에 공통 시스템으로 투자하는 것이 금액적으로 볼 때 상당히 유리한 상황을 만들어내는 데 성공했습니다.

그 결과 10개 스키장 중 해외 스키어가 실제로 많이 찾았던 모든 스키장에 공통 시스템을 도입하게 되었습니다.

그러나 '외부의 눈'으로 냉정하게 보면 시스템 도입으로 편의성이 높아졌지만, 그 효과는 제한적일 수밖에 없습니다. 무언가 '하쿠바 밸리'의 특징을 잘 전달할 수 있는 소재는 없을까?

그렇게 생각하다 보니 '스키장의 규모'가 특히 장기 체류형 해외 스키어에게 어필하기 쉽다는 것을 알게 되었습니다.

사실, 공통 자동개찰 시스템의 도입으로 하쿠바 밸리는 동일 지역 내에서 하나의 티켓으로 스키를 탈 수 있는 '하나의 스키장'이 되었습니다. 그 결과 활주 가능 면적이나 코스 및 리프트 수 등의 측면에서 '국내 넘버원'의 규모를 자랑하게 된 것입니다.

이에 따라 마케팅의 핵심 메시지 중 하나로 '일본 최대의 스키장'을 내세우기로 했습니다. "일본 최대의 스키장 탄생"이라는 보도자료를 내고, 해외용 마케팅 자료에도 반드시 "Japan's Largest Snow Resort"라고 넣고 있습니다.

효과는 좋았습니다.

물론, 하쿠바 밸리의 편의성을 높이기 위한 각 스키장의 노력과 마케팅 효과가 쌓여온 결과이기도 합니다. 여기에 새로운 공통 자동개찰 시스템의 도입이 순풍이 되어, 코로나 이전까지 하쿠바 밸리에서는 해외 스키어의 유치가 매우 순조롭게 이루어졌습니다. 겨울 시즌 전체 방문객의 30퍼센트에 가까운 약 38만 명 정도가 해외에서 하쿠바 밸리를 찾아준 스키어였습니다.

이로써 하쿠바 밸리는 홋카이도의 니세코에 이어 '해외 관광객이

하쿠바를 '일본 최대의 스키장'으로 만든 새로운 자동개찰 시스템

10개의 스키장에서 사용할 수 있는 공통 리프트권

많이 찾는 스노우 리조트'로 자리매김했습니다.

공통 자동개찰 시스템 도입의 모든 과정을 제가 직접 수행한 것은 아닙니다. 그러나 **'내부의 눈'**만으로는 좀처럼 진행되지 않았던 과제에 대해 외부에서의 경험을 살려 대응한 결과, 앞으로 나아간 프로젝트의 사례라고 생각합니다.

산악자전거의 성지를
부활시키다

하쿠바 이와타케의 '내부의 눈'과 '외부의 눈'이 잘 어우러져 숨겨진 자산을 효과적으로 활용한 사례로 '하쿠바 이와타케 산악자전거 파크'의 부활을 꼽을 수 있습니다.

하쿠바 이와타케는 1990년대 무렵 '산악자전거의 성지'로 이름을 알린 다운힐 코스를 운영하고 있었습니다. 겨울 시즌 스키어들을 실어 나르는 곤돌라 리프트를 여름에도 가동하여 고객과 자전거를 정상까지 실어 나르고, 스키장의 슬로프를 깎아 만든 트레일을 타고 내려오는 것입니다.

'봄의 이와타케', '가을의 이와타케'라는 큰 행사도 열렸고, 그린 시즌에는 수만 명의 방문객이 다녀갔다고 들었습니다.

그러나 2000년대에 들어서자 상황이 달라지기 시작했습니다. 스키 유행의 종말과 궤를 같이 하듯 산악자전거의 인기도 급감한 것입니다. 방문객의 감소와 트레일 유지비의 상승이 맞물려 산악자전거 파크의 수익성이 악화되었습니다. 이후 10년 넘게 방치된 트레일은 완전히 황폐화되어 방치되고 있었습니다.

이런 가운데 하쿠바에서 산악자전거 가이드를 맡았던 호리에가 이와타케 팀에 합류합니다. 어떻게든 '산악자전거의 성지'로써 이와타케를 되살리고 하쿠바의 산악자전거 문화를 되살리겠다는 뜨거운 마음을 가진 남자입니다.

처음에는 회사 차원의 지원이 거의 없었습니다.

하지만 호리에는 지역 동호인들을 모아 수작업으로 산악자전거 코스를 개척하기 시작했습니다. 그리고 2015년 가을에는 드디어 1개의 다운힐 코스를 부활시켰습니다.

새롭게 부활한 코스는 상급자들이 선호하는 코스로 산악자전거에 익숙한 동호인들은 즐겁게 다운힐을 내려가지만, 저처럼 처음 도

'산악자전거 성지'를 부활시킨 호리에

전하는 사람은 고전을 면치 못하는 코스였습니다. 영업·마케팅 측면에서의 노력을 많이 하지 않은 탓에 '코스는 만들어졌지만, 이곳을 아는 일부 동호인들만이 즐기는' 상태가 지속되었습니다.

한편 2015~16년 겨울 시즌에는 눈이 기록적으로 적게 내려 스키장의 방문객이 크게 줄었습니다. '그린 시즌에 무언가를 하지 않으면 하쿠바 이와타케의 미래는 없다'라는 위기감이 회사 전체에 퍼지기 시작했습니다.

그때 우리가 주목한 것이 바로 산악자전거 파크였습니다. 2015년 550명, 2016년 1,200명이 방문할 정도로 방문객 유치에 어려움을 겪고 있었지만, 외부의 눈으로 잘 살펴보면 기회가 있을 것 같았습니다.

우선 경쟁자의 수 자체가 매우 적었습니다. 반면, 연간 2만 명 정도의 방문객을 유치하는 경쟁 파크도 있었습니다. 모두 상급자 위주의 코스로 구성되어 있어 '초보자'를 끌어들이기 위한 노력을 제대로 하고 있는 곳도 적은 것 같았습니다.

무엇보다도 곤돌라와 스키장의 슬로프라는 원래 우리가 가지고 있는 자산을 유용하게 활용할 수 있었습니다(**숨겨진 자산!**). 무리하게 큰 투자를 하지 않고도 고객에게 매력을 제공할 수 있을 것 같았습니다. 이것은 당시 어려움을 겪고 있던 재정 상황과도 잘 맞아떨어졌습니다.

우여곡절을 겪으면서도 회사에서 확실한 투자를 하게 됩니다. 외부에 '산악자전거의 성지' 부활을 제대로 알리고, 처음으로 산악자전거에 도전하는 사람들에게도 자신 있게 내놓을 수 있는 코스를 조성하기로 결정합니다.

현지의 생각을 외부의 눈으로
비즈니스에 적용한다

코스에 대해서는 호리에의 소개로 산악자전거 월드컵 코스 조성에도 참여한 트레일 조성 전문가 에반 윈스턴[Evan Winston]에게 부탁할 수 있었습니다.

에반은 국내 시장의 상황이나 이와타케의 특성을 고려하여 "우선 초보자들이 즐길 수 있는 트레일을 최우선으로 만들어야 합니다"라는 의견을 내놓았습니다. 이것도 외부의 눈이군요.

2017년 눈이 녹기 시작하는 초봄부터 에반의 감독하에 신규 트레일 조성이 시작되었습니다. 호리에와 지역 동호인들도 땀을 흘리며 작업을 도와주셨습니다.

그리고 2017년 가을, 드디어 곤돌라 정상에서 중턱까지 길이 7킬

로미터의 초급자 대상 다운힐 코스가 완성됩니다.

트레일이 만들어졌다고 해서 끝이 아닙니다. 동시에 영업 및 마케팅 전략을 세워야 합니다. 여기부터는 전직 컨설턴트인 제가 '외부의 눈'을 살릴 수 있는 부분입니다.

처음 산악자전거를 접하는 사람도 '해보고 싶다'라는 생각이 들 수 있는 마케팅 자료를 만들고 노출할 곳도 선정해야 합니다. 물론, 기존 산악자전거 동호인들에게도 새로운 소식을 전달할 수 있는 매체를 찾는 것도 중요합니다.

구체적인 실무는 호리에를 비롯한 산악자전거에 정통한 멤버들이 중심이 되어 정보를 수집해 주었습니다. 산악자전거 파크를 운영하고 있을 무렵부터 이미 하쿠바 이와타케에서 일하고 있던 켄지와 사토루에게도 정보를 얻을 수 있었습니다.

평범한 비즈니스 스킬도
지방에서는 가치가 높아진다

과제는 또 하나 있었습니다. 하쿠바 팀은 거의 20년 가까이 새로운 투자를 하지 않은 상태였습니다. 그래서 일정 관리, 비용 관리 등 이른바 '프로젝트 관리'에 익숙한 사람이 많지 않았습니다.

이 부분에 있어서는 컨설팅 회사에서 프로젝트 매니저로 일했던 경험을 십분 활용할 수 있습니다. 코스 정비, 마케팅·영업 준비 등 여러 워크스트림을 정리하면서 진행하다 보니 일정에 맞춰 예산대로 프로젝트를 진행할 수 있었습니다.

제대로 된 간트 차트^{Gantt chart}를 완성하고, 이를 바탕으로 정기적인 미팅을 통해 진행 상황을 보고합니다. 일정이 지연되거나 예산을 초과할 것 같으면 대책을 강구합니다.

어떻게 보면 당연한 프로젝트 진행 방식이지만, **도시 대기업에서의 '일의 상식'이 지방에 가면 의외로 가치가 높을 때가 있습니다.**

이러한 팀워크의 결과, 2017년 가을 개장 이후 순조롭게 방문객을 유치하는 데 성공했습니다.

2016년에는 1,200명이었던 방문객이 산악자전거 파크의 개장 이후 2018년에는 1만 명, 2019년에는 1만 2,000명의 방문객을 맞이할 수 있었습니다. 목표대로 '산악자전거에 처음 도전한다'는 고객들이 많이 찾아옵니다.

2021년 가을에는 코스를 더욱 확충하고, 그린 시즌에 가동하는 리프트도 한 대 늘렸습니다. 게다가 마운틴 하버 등 다른 콘텐츠를 목적으로 방문한 고객들이 부담 없이 체험할 수 있도록 산 정상에서 자전거 대여도 시작했습니다.

내부의 사람들의 뜨거운 마음과 외부의 비즈니스 시선이 잘 맞아떨어졌기 때문에 '산악자전거의 성지 부활'을 향해 착실하게 나아갈 수 있었습니다.

외부의 눈을 기르기 위해
스스로 즐긴다

지금까지의 시례에서 알 수 있듯이, '내부의 눈'과 '외부의 눈'을 잘 조합하면 때로는 믿을 수 없는 성과를 만들어낼 수 있습니다.

지방의 경우 '지역'과 '도시', 회사의 경우 '사내'와 '사외'라는 두 눈으로 균형 있게 조합하면 '숨겨진 자산'을 찾아내어 활용할 수 있게 되는 것입니다.

다만, '외부의 사람'이 흔쾌히 동참해 주는 경우만 있는 것은 아닙니다. '내부의 사람'만으로는 좋은 노력을 할 수 없는가 하면, 물론 그렇지 않습니다.

예로부터, 내부에 있는 사람들만으로도 잘 되는 사례는 많이 있습니다. 이런 경우는 **내부의 사람들이 객관적으로 자신들을 평가할 수 있는 '외부의 눈'을 가지고 있는 경우**가 대부분입니다.

그렇다면 어떻게 하면 '내부의 사람'이면서 '외부의 눈'을 가질 수 있을까요?

이러한 관점에서 볼 때, 특히 관광산업, 레저산업과 관련해서 말한다면 **'스스로 잘 놀고', '다양한 것에 관심을 갖고', '여러 가지를 시도해보고 경험하는 것'**이 중요하다고 생각합니다. 그렇게 함으로써 외부로부터의 자극을 받을 수 있고, 내부에 갇히지 않고 올바른 눈높이를 유지할 수 있습니다.

보유하고 있는 자산이 가지는 본질적인 장점을 파악하고, 외부에 있는 고객에게 그 장점을 제대로 전달하기 위해서는 어떻게 조리해야 하는지, 그 감각을 연마할 수 있는 셈입니다.

스스로 경계하는 마음을 갖지만, 자칫하면 업무에 치여 쉬지도 못하고 현장에 나가거나, 쉬는 날에도 집에서 멍 때리기 쉬운 하루하루입니다.

그러나, 그렇게 하면 좋은 아이디어는 나오지 않습니다.

여러 곳을 돌아다니며 자신의 시설과 비교하고, 좋은 점이 있으면 그 요소

들을 인수분해하여 생각해야 합니다. 그런 것들이 쌓이고 쌓여서 정말 좋은 것이 만들어지는 것이죠.

다행히도 저 자신은 하쿠바에 오기 전까지 일본 각지의 스키장을 돌아다니며 놀았습니다(나가노와 홋카이도의 주요 스키장은 거의 모든 곳에 놀러 간 적이 있습니다). 전국 100대 명산을 목표로 지금까지 70개 이상의 명산에 올랐습니다. 또한, 미국 유학 시절에는 요세미티, 옐로스톤, 그랜드캐니언 등 유명 국립공원에서 캠핑을 하면서 한 달 가까이 돌아다닌 경험도 있습니다.

지금노 도쿄의 가족을 만나러 가면 도쿄에 있는 유행 명소를 여기저기 돌아다니고 있습니다(명목은 '가족들과 놀러 다니는 것'입니다).

딸이 알려준 오모테산도의 스콘 전문점 CHAVATY에는 아저씨 둘이서 찾아간 적도 있습니다. 여대생들에게 둘러싸여 30분 동안 줄을 서서 티라떼와 스콘, 소프트아이스크림을 맛보기도 했습니다.

이러한 경험이 지금에 와서 도움이 되고 있습니다. 눈높이를 유지하고 하쿠바에서 활용할 수 있는 아이디어를 창출하는 데 도움이 되는 것입니다.

외부의 눈으로 본다고 해도, 과학처럼 '무엇이 옳은지'를 확실한 기준으로 판단할 수는 없습니다.

그렇기 때문에 **결국 마지막에는 자신이 좋아하는 것을 좋다고 믿을 수밖에 없습니다.** 따라서 최대한 많은 것을 보고, 그 이면에 있는 것들을 깊이 이해해야 합니다. 그렇지 않으면 외부의 눈을 키울 수 없습니다.

3

- '숨겨진 자산'은 '내부의 눈'으로 찾는다.

- 이를 위해 '내부의 사람'이 적극적으로 아이디어를 낼 수 있는 구조를 만든다.

- '숨겨진 자산' 후보를 '외부의 눈'으로 객관적인 평가를 한다.

- 마케팅이나 프로젝트 관리에서는 '외부의 눈'을 적극적으로 도입한다.

- 내부의 사람이 '외부의 눈'을 갖기 위해서는 적극적으로 놀아 보는 것이 중요하다.

4

시야를 좁히지 마라!
점이 아닌 면으로
사물을 생각한다

숨겨진 자산을 찾는 장소

지은 지 150년이 넘는 고택을 리노베이션하여 부활시킨

'하타고 마루하치(旅籠丸八)'.

가동률도 숙박객 1인당 단가도 리노베이션 전보다 약 2배 인상되었다.

오타 사토루!

하쿠바가 자랑하는
슈퍼 영업맨이다!!

양복 입고
다니는
거야?

사토루네~

사토루야
이거
먹어~

손자?

이것도
먹고

이 과자도
먹어보렴

모두의
귀여운 아이로
남아있다...

지역의 사랑을
받는 남자

"무슨 마법에 걸린 것 같아. 시집와서 60년 가까이 살아온 건물이 이런 모습으로 남아있을 줄이야. 이보다 더 기쁜 일은 없을 거야. 사토루 군에게 부탁하길 잘했어"

상점가 활성화 프로젝트의 일환으로 폐업이 결정된 민박 '시오지마'의 어머니께서 우리에게 말씀하셨습니다.

같은 동네에서 자랐고 집이 '시오지마'에서 200미터 정도 밖에 떨어져 있지 않은 슈퍼 영업맨 사토루도 매우 기뻐하고 있습니다.

하쿠바 이와타케의
마스터 플랜

우리는 스키장을 운영하고 있습니다. 하지민 '숨겨진 자산'을 찾는 범위를 스키장 내부로 한정하지는 않았습니다. 하쿠바 이와타케라는 '지역 전체'로 눈을 돌린 것입니다.

왜냐하면 스키장이라는 '점'뿐만 아니라 지역 전체라는 '면'을 활성화하지 않으면 '점'도 좋아지지 않기 때문입니다. 한 곳만 깊게 파고들지 말고, 넓은 지역에 산재한 숨겨진 자산을 동시에 발굴하는 것이 매력을 알리는데도 원활할 것입니다.

그런 생각을 가지고 '상점가 활성화'에 나서게 된 것은 2017년의 일이었습니다.

그 계기는 역시 적은 적설량으로 인해 방문객이 크게 줄어들어 이 대로는 스키장도 마을도 망할 것 같다는 위기감 때문이었습니다. 이 위기감을 지역 전체가 공유하며 활성화 방안을 논의하기로 했습니다.

지역 관광협회와 마을 자치회, 스키장 등이 모여 지역 전체의 생존 방안인 '하쿠바 이와타케 마스터 플랜'에 대한 검토를 시작했습니다.

미래를 위한 일이기 때문에 우선은 젊은층을 중심으로 멤버들이 발판을 만들기로 했습니다. 이것을 지역의 중진들에게 설명하면서 지역 차원의 합의를 이끌어내는 방식입니다.

지역민 대표로는 다음 세대를 책임질 30~40대 3명에 사토루를 포함한 4명이 선정되었습니다(사토루는 이와타케 출신이므로 지역민 대표로 참석). 스키장 운영진 대표로는 켄지와 제가 선정되었습니다.

이렇게 여섯 명이 한 달에 한두 번씩 모여 토론과 관계자 의견 청취를 통해 약 4개월 만에 마스터 플랜의 초안을 만들어냈습니다.

초안에는 다양한 주제들이 담겼는데, 그중에서도 가장 중요한 과

제가 '하쿠바 이와타케 상점가'의 활성화였습니다.

스키장의 베이스 타운 역할을 하는 상점가의 매력을 향상시키면서, 그 거리에 흩어져 있는 숙박업소를 어떻게 되살릴 것인가? 이것은 말로는 간단했지만, 매우 어려운 문제였습니다.

하쿠바 이와타케 상점가의
매력과 과제

하쿠바 이와타케의 베이스 타운인 닛타지구, 키리쿠보지구는 과거 소금길의 가도를 따라 역참 마을로 번영을 누려왔습니다. 마을의 개발과 함께 농촌 마을로서의 경관도 보존한 지역이기도 합니다.

이 지역에는 하쿠바 이와타케로 스키를 타러 온 고객들이 묵는 민박집과 여관, 호텔 등 많은 숙박시설이 있습니다. 1990년대 최고조에 이르렀을 때는 그 수가 150곳이 넘을 정도였습니다.

그러나 스키 인구의 감소와 더불어 숙박시설 경영자의 고령화, 시설의 노후화, 후계자 및 인력 부족 등의 이유로 폐업하는 시설이 눈에 띄기 시작하여, 2016년에는 그 수가 90개 정도로 감소하고 말았습니다.

하쿠바 이와타케의 상점가

이러한 숙박시설 수의 감소와 활력 저하는 지역 전체에 큰 문제가 되고 있었습니다.

영업을 중단하고 불이 꺼진 숙소가 늘어나면, 거리 전체가 어두워 집니다. 그러면 아직 영업을 계속하고 있는 숙소에 묵고 있는 손님 들에게도 '쓸쓸한 마을이구나'라는 인상을 주게 됩니다.
더군다나 영업을 중단한 기간이 길어지고 사람이 살지 않아 외관 이 흉물스러운 폐가가 하나라도 생기게 되면 큰 문제가 됩니다. 상 점가의 풍경은 더 이상 매력적이지 않게 되고, 주변 숙박시설에도 큰 마이너스 요인이 될 수 있습니다.

숙박시설의 어려움은 스키장의 어려움이기도 합니다. 방문객의 70~80퍼센트가 숙박을 하면서 스키를 즐기는 하쿠바 이와타케 스 키장 입장에서는 베이스 타운의 숙박시설 감소는 방문객의 감소와 직결되기 때문입니다.
한편, 하쿠바 지역을 전체적으로 살펴보면, 특히 고급 지향적인 하 이엔드 관광객을 겨냥한 숙박시설이 부족했습니다. 고객이 원하는 수준을 충족시킬 수 있다면 충분히 수요를 확보할 수 있을 것으로 보였습니다.

이것은 그야말로 지역 전체('면')의 과제입니다. 개별 시설 등의 '점'만 좋게 한다고 해서 해결되는 문제가 아닌 것입니다.

지역 전체에서 '숨겨진 자산'을 찾아내고, 이를 발전시키는 것만이 앞으로 나아갈 수 있는 길이었습니다.

상점가 활성화를 위한
계획을 세우다

우리는 농촌 마을 및 역참 마을로서의 경관이나 사용하지 않는 오래된 민가가 '숨겨진 자산'이 될 수 있다고 생각했습니다. 그래서 이미 폐업했거나 앞으로 폐업을 고려하고 있는 여러 숙박시설 및 상업시설을 임대받아 리노베이션을 한 후 제3자에게 임대하는 방안을 고안해냈습니다.

하쿠바 이와타케에 이미 산재해 있는 일본 정서가 넘치는 고택 등 여러 시설을 재생하여 활용하는 것입니다. 또한, 리셉션, 식당, 침실 등의 기능을 각각의 건물에 분담시킴으로써 '마을' 그 자체에 숙박하는 컨셉을 지향했습니다.

그동안 분산되어 운영되던 여러 시설들을 일괄적으로 운영함으로써 규모의 경제도 실현할 수 있습니다. 나아가 '마을 전체의 경영 체력을 강화'함으로써 리노베이션을 가속화하는 것도 목적 중 하나였습니다.

이 사업이 성립되기 위해서는 세 가지의 플레이어가 필요합니다. 투자자, 리노베이션 후 시설 운영자, 건물 임대인입니다.

투자자 측면에서는 일찌감치 돌파구가 보였습니다.

지방 활성화를 위한 프로젝트에 자금을 제공하는 것을 주요 업무로 하는 민관펀드 '지역활성화지원기구(REVIC)'와 지역 은행이 출사한 'All닛타관광활성화펀드' 여기에 NEC캐피털의 '지빙활성화펀드'가 지원을 해주기로 했습니다.

운영적인 측면에서는 솔직히 일손이 많이 부족했습니다.

우리는 숙박업에 대한 경험이 거의 없었기 때문에, 리모델링을 제대로 하고, 객실을 판매하고, 숙박객을 대접하는 기술과 노하우는 외부 협력업체에 의존할 수밖에 없었습니다. 시설을 리노베이션하기 전 단계부터 누군가가 참여해서 함께 협력하며 사업을 진행하는 것이 필수적이었습니다.

우연히 1년 전쯤, 저는 가나가와현 하야마 지역에서 바캉스 하우스 'HAYAMA Funny house'를 운영하고 있는 'Funny 주식회사'를 지인으로부터 소개받았습니다.

'HAYAMA Funny house'는 1965년에 건축된 저택을 Funny가 2015년에 리노베이션하여 운영하고 있는 휴양지입니다. 바다와 조화를 이루는 디자인의 아름다운 저택은 하야마 지역의 인기 시설로 유명했습니다.

바로 이러한 멋진 리노베이션 시설이 하쿠바에 있으면 좋겠다고 생각했던 터라, 다시 한번 사업 취지 등을 설명할 기회를 얻기 위해 연락을 취했습니다. 그러자 Funny에서는 "하쿠바도 재미있을 것 같고, 와다 씨도 재미있을 것 같으니, 함께 해봅시다"라고 흔쾌히 말해주셨습니다.

여기까지 진행했으면, 이제는 임대인=지역의 건물주를 찾는 일만 남았습니다. 폐업을 생각하고 있는 사람도 많으니, 조금만 설명하면 금방 찾을 수 있을 거라……안일하게 생각했던 것 같습니다.

그런 우리들의 낙관론은 보기 좋게 깨지게 됩니다. 여기서부터 진정한 탄생의 고통이 시작되게 됩니다.

현지의 반응과
사토루의 활약

어기서 말하는 '단생의 고통'이린 무엇일까요? 긴딘하게 말해서 '총론 찬성, 각론 반대', '외부 사람들의 말을 믿을 수 없다'라는 상황입니다.

더 이상 폐업이 이어져 거리가 어두워지는 것은 싫다. 폐업할 것 같은 숙소를 리노베이션하여 유지하는 것은 필요해 보인다.

하지만 내 집이 그렇게 쓰여도 괜찮을지는 불안하다.

이웃 숙소가 깨끗해지는 것은 좋지만, 그곳이 우리 숙소와 경쟁 관계가 되는 것은 곤란하다.

어려운 종이를 내밀면서 "이런 계획이 필요합니다"라고 설명해도 이해가

안 되고, 의심스럽다.

그렇게 좋은 이야기가 어디 있나? 진짜 사실이냐?

마을회관에서 몇 차례 설명회를 했지만, 아무래도 반응이 없습니다. '의구심'이 가득한 얼굴의 주민들도 많아서 설명을 하는 저의 불안감도 높아만 갑니다.

여기서 활약한 사람은 역시 현지 출신의 사토루였습니다.

사토루는 폐업을 생각하는 숙소나 이미 사용하지 않는 건물의 주인을 수차례 찾아가 사업의 취지를 정성껏 설명했습니다. 그러다보니 점차 이야기를 들어주는 건물주들이 나타나기 시작했습니다.

현지 토박이만이
가진 힘

"사토루 군, 사실 내년 3월에 숙소를 그만둘 생각이었어"

사토루가 '시오지마'의 어머니로부터 이런 이야기를 들은 것은 상점가 활성화의 구체적인 이야기가 조금씩 나오기 시작한 2017년 연말이었습니다.

어머니는 이미 70대로 오랜 세월 혼자서 민박집을 꾸려왔습니다. 그러나 건물의 노후화가 진행되는 가운데 후계자도 없고 체력적으로도 힘들어 폐업을 고민하고 있었습니다.

"내가 시집오기 전부터 시아버지와 시어머니, 그분들의 부모님이 소중하게 사용하던 건물이라 사실 어떻게든 남기고 싶어. 하지만 더 이상 숙소를 운영할 체력도 없고, 손님도 줄고, 건물도 점점 망가지고 있어. 숙소를 그만두면 이런 큰 건물을 유지할 수 없으니, 허물 수밖에 없을 것 같은데, 어떻게 하면 좋을까?"

어머니는 사토루에게 이렇게 상담하셨다고 합니다.

"제가 태어나고 자란 거리에 어울리는 멋진 건물이니까 어떻게든 남기고 싶어요. 이 거리의 풍경과 시오지마의 추억, 둘 다 남길 수 있는 좋은 방법이 없는지 사장님과 상의해 볼게요"

사토루는 어머니에게 이렇게 말을 하고 이야기를 가져왔습니다.

그 후, 저도 사토루와 함께 건물을 보러 갔습니다. 건물 자체는 지은 지 150년 이상 된 이른바 고택으로 8실 정도의 아담한 민박집이었습니다. 한눈에 봐도 '제대로 손만 본다면 아주 매력적인 시설로 재탄생할 것'이라는 확신이 드는 멋진 건물이었습니다.

바로 제가 생각하고 있던 계획을 어머니께 설명해 드렸지만, 역시나 쉽게 이해하지 못하시는 것 같았습니다.

"정말 그런 좋은 이야기가 있어?"

"펀드라는 말 자체가 불안해요. 집을 빼앗기지는 않나요?"

라고 하시니, 설득하기가 쉽지 않을 것 같았습니다.

이후로도 사토루는 몇 번이고 몇 번이고 시오지마를 찾아뵙고, 수다를 떨며 어머니의 불안을 풀어주고, 정중하게 이 계획의 장점을 설명했습니다.

마지막으로 어머니께서 하신 말은 이랬습니다.

"우리 마을에서 태어나고 자란 사토루 군이 그렇게까지 말한다면, 나는 믿을게"

분명 논리만이 아닌 다른 무언가가 결국 어머니의 마음을 움직인 것이라 생각합니다.

마침 시오지마의 옆집인 '나카야'도 같은 시기에 폐업을 고려하고 있었습니다. 이곳에서도 사토루의 뚝심이 통했고, 우선 두 곳의 숙소를 대대적으로 리모델링 하기로 결정됩니다.

또 하나, 마을이 보유하고 있던 180년 가까이 된 고택을 클럽하우스 겸 레스토랑으로 활용하는 계획도 굳어졌습니다. 이렇게 해서 드디어 본격적인 사업화의 길을 시작할 수 있게 되었습니다.

하타고 마루하치의
탄생

이렇게 해서 2018년 12월에 완성된 것이 '하타고 마루하치'입니다. 150년 된 고택의 '아름다움'을 고즈넉이 느낄 수 있으면서도, 어딘지 모르게 모던한 분위기를 느낄 수 있는 따뜻한 디자인은 우리의 상상을 압도적으로 뛰어넘는 것이었습니다.

하타고 마루하치는 첫해부터 특히 해외 여행객들을 많이 유치하는 데 성공했습니다. 가동률은 개별적으로 민박을 운영할 때보다 두 배 가까이, 투숙객 1인당 객단가도 두 배 이상 끌어올리는 데 성공합니다.

클럽하우스 겸 레스토랑 기능을 갖춘 '쇼야 마루하치 다이닝'도

고택을 멋지게 되살린 '하타고 마루하치'의 인테리어

2018년 12월에 완공되었습니다. 180년 가까이 된 고택 특유의 분위기와 식사의 맛이 인기를 끌면서 해외 여행객이 붐비는 겨울철에는 100석 가까이 되는 매장이 항상 만석 상태였습니다.

시오지마의 어머니께서도 리모델링된 건물을 보고
"마법에 걸린 것 같아"
"추억의 건물이 남게 되었어, 시부모님이 기뻐하실 거야"
라며 매우 기뻐해 주셨습니다. 이로써 우리도 한시름을 놓았습니다.

그 후에도 점차 시설 수를 늘려나가고 있습니다. 지금은 '하타고 마루하치' 1번관부터 3번관까지 3개의 건물과 클럽하우스인 '쇼야 마루하치 다이닝', 별도의 브랜드로 시작한 'Funny hours HAKUBA', 하쿠바 특산품을 만들기 위해 유치한 햄·소시지 공방 겸 직판장인 '하쿠바햄' 등 총 6개동이 운영 중입니다.
Funny에서는 시설의 리모델링 디자인, 운영뿐만 아니라, 상점가 전체를 매력적으로 하는 라이트업 디자인 등의 도움을 받고 있습니다. 이렇게 해서 일체감 있는 상점가 만들기가 궤도에 오르게 되었습니다.

사물을 면으로 생각하는 것의
중요성

지금까지 살펴본 바와 같이, '숨겨진 자산'은 반드시 자신이 현재 종사하고 있는 사업 영역에만 있는 것이 아닙니다.

산업을 구조적으로 볼 때, 향후 활성화를 위한 병목현상이 자신의 사업 영역 밖에 있는 경우도 많을 것입니다. 우리 하쿠바 이와타케 스키장에서 본 베이스 타운이 바로 이 사례였습니다.

이 경우, 자신의 사업이라는 '점'만으로 사물을 바라보고 있으면 일이 진행되지 않습니다. **주변 산업, 지역이라고 하는 '면'에 숨겨진 자산의 활용을 생각해야 합니다.**

고객이 '같은 지역'으로 인식하는 지역 내에 있는 '숨겨진 자산'을 동시다발적으로 활용할 수 있다면 고객에게 더 강력하게 어필할 수 있습니다.

게다가 지역에 흩어져 있는 자산을 활용하려고 하면 할수록 다른 곳과는 다른 매력이 생겨날 것입니다. 그렇게 하면 **'따라하기'에서 벗어날 수 있을 것입니다.**

물론 자신의 사업 영역에 없는 것을 활용하려면 실현의 난이도는 높아집니다. 그러나 각각 다른 강점을 지닌 다양성이 높은 팀으로 프로젝트를 추진함으로써 성공 확률을 높일 수 있을 것입니다.

지금까지 그 지역만의 '숨겨진 자산'을 찾기 위한 생각에 대해 알아봤습니다.

숨겨진 자산을 찾을 때의 포인트

① '다른 지역을 따라하지 않겠다'고 다짐하고

② '내부의 눈'과 '외부의 눈'을 적절히 융합하여

③ 시야를 '점' 뿐만이 아닌 '면'으로 확장해서 찾는다.

이것이 '숨겨진 자산'을 찾을 때 잊지 말아야 할 포인트입니다.

그렇다면 이렇게 찾은 '숨겨진 자산'의 씨앗은 어떻게 키워야 할까요?

다음부터는 **'숨겨진 자산'의 씨앗을 키우는 방법**을 설명하고자 합니다.

4

· '숨겨진 자산'을 찾을 때는 자신의 사업 영역과 같은 '점'만을 고 집하지 않는다.

· 관련 영역이라는 '면'까지 눈을 돌려 '숨겨진 자산'을 찾는다.

· 같은 '면'에 존재하는 복수의 '숨겨진 자산'을 동시다발적으로 활용함으로써 고객에게 강력하게 어필하고 '따라하기'의 폐해 에서 벗어날 수 있다.

· 숨겨진 자산을 '면'으로 찾고 발전시키는 것은 '점'보다 난이도 가 높다. 그것을 해낼 수 있는 팀의 힘이 중요하다.

5

자신의 수준 따위는
신경 쓰지 마라!
최고의 파트너와 함께 한다

파트너의 힘으로 숨겨진 자산을 빛낸다

대자연을 오감으로 느낄 수 있는 전망시설 '하쿠바 히토토키모리'.

도쿄의 오모테산도와 교토의 아라시야마에서 큰 인기를 끌고 있는

스콘 전문점 'CHAVATY'의 출점으로 많은 방문객을 확보할 수 있었다.

그것은...

미소

우리에게는
파트너를 유혹하는
필승법이 있습니다.

다왔습니다!

헉헉~

어쨌든
산 정상으로
데려가는 것입니다.

멋지다!
일본이 아닌 것
같아.

이렇게만 하면
대부분 성공합니다.

ㅎㅎㅎ

아무것도
보이지
않아...

다만
눈보라가 치면
비참...

...

"아~, 날씨가 맑으면 이 방향으로
북알프스의 절경이 보일 거예요~"

FONZ의 마사시 코야마 사장을 하쿠바 이와타케로 초대한 것은
2017년 겨울의 일이었습니다. FONZ는 나가노현 가루이자와에
본사를 두고 '카와카미 안', '스주 마사유키', '베이커리&레스토랑
사와무라' 등 도쿄에서도 멋진 매장들을 많이 출점하고 있는 외식
기업입니다.

저도 예전부터 개인적으로 가루이자와나 도쿄의 가게들을 너무 좋
아해서 자주 이용했습니다. 정말 '리조트' 같은 분위기의 가게를 운
영하는 것을 보고, 언젠가 하쿠바에서 함께 사업을 할 수 있는 기회
가 있으면 좋겠다고 생각했었습니다.

그런 연유로 하쿠바 이와타케의 정상에서 맛있는 식사와 절경을
즐길 수 있는 전망대 '하쿠바 마운틴 하버'를 만들겠다는 계획을 세
웠을 때, 가장 먼저 연락하고 싶었던 곳이 바로 FONZ였습니다.

"우리의 부탁을 들어줄 리가……"라고
포기하지 않는다

다만, 불안한 마음도 있었습니다.

그 당시에는 도쿄 중심가에 새로운 상업시설이 생겼다는 소식을 듣고 방문하면, 거의 대부분 FONZ의 가게가 입점하고 있었습니다. 전국 각지에서 FONZ에 구애를 보내는 모습이었습니다.

그런 와중에 시골 스키장이 갑자기 부탁을 해도 상대를 해줄 리가 없죠. 그래서 이리저리 수소문해서 소개해 줄 분을 찾았습니다. 백방으로 알아본 끝에 결국 하쿠바에 자주 놀러오시던 한 유명 경영자에게 소개를 부탁할 수 있었습니다.

도쿄에서 코야마 사장을 처음 만났을 때의 반응은 그다지 좋지 않았습니다.

"산 위라고요? 운영이 힘들겠네요"

"그렇게 손님이 많이 올까요?"

아무리 봐도, 내키지 않는 모습이었습니다.

하지만 그런 것으로 포기하면 쇠락하는 스키장의 재도약은 꿈도 꾸지 못합니다.

어떻게든 그곳에, 한 번만 현장에 보러 와 주시면 대단한 것을 알 수 있을 테니까요.

몇번이고 부탁을 해서, 꽤 억지를 부렸다고 생각하지만, 어쨌든 한 번은 하쿠바 이와타케에 오시게 되었습니다(어쩌면 미식축구부 출신의 저와 이와타케의 현장 감독 켄지, 두 사람의 밀어붙이는 힘이 주효했을지도 모릅니다).

하지만, 그러나…….

하쿠바를 찾은 그날은 남북으로 뻗은 등압선이 상당히 촘촘했던 서고동저의 이른바 강력한 겨울형 기압 배치로 인해, 하쿠바에는 곤돌라 리프트가 움직일 수 있을지도 걱정될 정도로 눈보라가 몰

아치고 있었습니다.

하쿠바 마운틴 하버의 예정지까지 모셔왔을 때는 5미터 앞도 보이지 않을 정도로 차가운 눈발이 얼굴에 들이쳤습니다. 바람 소리 때문에 대화도 힘든 상황이라 일단은 건물 안으로 대피할 수밖에 없었습니다.

이와타케의 절경을 어필할 생각이었지만, 오히려 산 정상이 얼마나 힘든 환경인지를 인상 깊게 남기는 결과를 낳았습니다. 일단 대피한 건물 안에서 스마트폰을 한 손에 들고 "날씨가 맑으면 이런 경치가 보이거든요~"라고 애써 설명할 수밖에 없었습니다.

열정을 가지고
끝까지 설득한다

그 후, 산 정상에서 1시간 정도 머물렀지만 눈보라는 그치지 않았습니다. 잠시 바람이 잦아들면서 100미터 정도 앞이 보이는 틈을 타서

"역시 산의 날씨는 변덕스럽네요~. 보이지 않던 것이 한순간에 보이기 시작하면 감동이 커져서 손님들이 기뻐하시더라고요~"

라고 자리를 얼버무리는 식으로 마무리하며 그날의 시찰은 끝이 났습니다.

역시 그날의 인상이 강렬했던 탓인지, 좀처럼 논의가 진전되지 않습니다.

그래도 우리는 포기하지 않고, 억지로라도 이야깃거리를 찾아 FONZ 팀에 계속 메일을 보냈습니다. 또한, 도쿄에 갈 때는 이유를 붙여서라도 약속을 잡고, 이야기가 끊기지 않도록 연결을 유지해 나갔습니다.

어떤 가게가 입점할지 윤곽도 잡히지 않았지만, 동시에 설계 팀을 선정하고, 구체적인 이미지에 대한 논의를 시작했습니다. CHAPTER 2에서 소개한 산을 보여주기 위한 디자인 컨셉이 이 시기에 구체화되기 시작했습니다.

이러한 디자인안이나 고객에게 어떤 경험을 제공하고 싶은지, 다른 사례 등을 통해 본 집객력과 매출 예상 등을 도쿄에 나가서 설명하게 됩니다.

게다가 하쿠바를 사랑하는 열정 가득한 켄지도 도쿄로 함께 나가서 뜨거운 마음을 담아

"함께 합시다"

"손님들이 이러한 절경을 보고 즐길 때, FONZ의 맛있는 음식을 먹게 하고 싶지 않으세요?"

"이런 곳에 멋진 매장이 생긴다면 FONZ의 브랜드 가치도 올라갈 거예요"

라고 계속 설득합니다.

이런 대화를 주고받으면서도 좀처럼 코야마 사장이 고개를 끄덕여 주지 않고 몇 달이 지나갔습니다. 우리들 사이에서도 "아, 이제 안 되겠구나, 다른 브랜드에 손을 벌릴 수밖에 없겠구나"하는 포기하는 마음이 생겨나기 시작했습니다.

하쿠바 마운틴 하버는 '여름에 돈을 버는 스키장'의 상징적인 첫걸음이었습니다. 그것이 좀처럼 뜻대로 되지 않고, 2016~17 시즌에도 적은 적설량이 지속되자 경영 상황은 점차 악화되고 있었습니다. 마음만 조급해지는 나날이었습니다.

진땀 나는
미팅

별다른 진전도 없이 계절이 바뀌고, 산골 하쿠바도 신록이 짙어지기 시작한 초여름. 평소에도 기온차가 있는 여름의 도쿄로 나가면 땀이 멈추지 않는 계절이 되었습니다.

그러던 어느 날, 켄지와 나는 에비스역에서 15분 정도 거리에 있는 FONZ의 사무실에 도착했습니다. 둘 다 뚱뚱한 체형 덕분에 땀을 뻘뻘 흘리고 있었습니다.

가져온 손수건으로 땀을 닦는 우리는 코야마 사장의 침착한 말에 더욱 땀을 흘리게 됩니다.

"오늘은 몇 가지 제안이 있습니다. 이것으로 하쿠바 측에서 움직일 수 있다면, 어쩌면 앞으로 진전이 있을지도 모릅니다. 반대로, 이것이 아니라면 이번 이야기는 없었던 것으로 생각하려고 합니다"

"저희도 나가노에 뿌리를 둔 기업으로 하쿠바를 돕고 싶었습니다. 하지만 직접 출점하기에는 위험 부담도 크고, 운영도 어려울 것 같아 고민이 많았습니다"

"만약, 사업을 진행하고 싶으시면 하쿠바 이와타케에서 직접 시설을 만들어서 운영을 해보세요. 그곳에 브랜드로써 지원을 하는 프랜차이즈라면 가능성이 있다고 생각합니다. 어떠세요?"

"브랜드는 THE CITY BAKERY가 가장 적합하다고 생각합니다. 하쿠바 측에서 생각하고 있는 가게의 규모와 딱 맞을 것 같아서요. THE CITY BAKERY가 시작한 뉴욕과 하쿠바는 서늘한 기후라는 점에서 비슷한 점도 있어, 그 기후에 맞는 특별한 양념이 특징인 THE CITY BAKERY가 하쿠바와 궁합이 잘 맞는다고 생각합니다"

"프랜차이즈로 한다면 브랜드 가치를 훼손하지 않아야 합니다. 따라서 매장 인테리어부터 운영까지 저희가 100퍼센트 컨트롤할 수 있도록 부탁드립니다. 이것이 저희 조건입니다"

처음 자리를 주선해준 경영자의 측면 지원이 있었는지 아니면 우

리의 끈질긴 설득에 굴복한 것인지 마지막 계기는 잘 알 수 없지만,
우리로서는 이보다 더 좋은 제안이 없었습니다.

놀라움과 기쁨으로 한 번 흘린 땀이 다시 한번 뿜어져 나왔던 기억
이 납니다.

프랜차이즈라는
Win-Win 솔루션

사실 그 미팅이 있기 전까지는 프랜차이즈라는 방식을 택할 수 있을 거라고 전혀 상상하지 못했습니다. 그때까지 FONZ는 직영점 형태의 출점만 해왔고, 프랜차이즈 형태로 사업을 전개한 사례가 없었기 때문입니다.

하지만 제안을 받은 그 자리에서 생각해보니, 이보다 더 이상적인 관계는 없을 것 같았습니다.

우리가 목표로 했던 것은 일반적인 전망대와는 전혀 다른 컨셉의 '맛있는 음식을 세련된 공간에서 맛보며 절경을 즐길 수 있는 전망대'였습니다. 그러기 위해 필요한 것은, 지금까지 THE CITY

BAKERY가 오랫동안 쌓아온 브랜드 파워와 멋진 매장을 꾸미는 디자인력, 맛있는 빵을 만드는 레시피 등의 노하우였습니다.

반면, 스키장 정상이라는 혹독한 기상 조건에서의 운영, 성수기와 비수기의 차이를 메우는 유연한 인력 구성 경험, 하쿠바에서의 채용 활동 등 현장 운영과 관련해서는 오랜 기간 하쿠바에서 스키장을 운영해 온 우리에게 강점이 있었습니다.

이렇게 생각하면, 프랜차이즈는 매우 합리적인 제안이었습니다. FONZ가 지금까지 쌓아온 브랜드 가치에 대해 우리가 일정한 로열티를 지불하면서 이를 활용하고, 매장의 초기 투자와 운영에 관련된 리스크는 하쿠바 측에서 감수하는 것이죠.

"감사합니다. 꼭 그렇게 부탁드립니다!"

저와 켄지가 고민할 필요도 없이 달려든 것은 두말할 필요가 없었기 때문입니다.

물론, 프랜차이즈로 매장을 운영하는 이상 저희도 THE CITY BAKERY의 브랜드 가치를 훼손할 수는 없습니다. 그래서 젊고 우수한 직원 2명을 점장, 부점장으로 임명하여 2개월 가까이 도쿄와 가루이자와에서 교육을 받게 했습니다. 브랜드의 본질을 체득하게

'하쿠바 마운틴 하버' 오프닝 세레모니에서
코야마 사장(오른쪽)과 필자(왼쪽)

하기 위해서입니다.

매장 디자인도 코야마 사장의 뛰어난 디자인 감각에 거의 전적으로 맡겨졌습니다. 우리는 비용적으로 어려울 때 재검토를 요청하는 것이 주된 역할입니다.

한편, 운영 방식과 메뉴 결정 등은 브랜드의 입장과 하쿠바의 입장 사이에서 서로 의견을 주고받으며 보다 실현 가능성이 높은 것을 목표로 논의를 이어나갔습니다.

이렇게 서로가 보유한 가치의 극대화를 목표로 하면서, 2018년 10월 드디어 '하쿠바 마운틴 하버'와 'THE CITY BAKERY 하쿠바 마운틴 하버'가 개업을 하게 됩니다.

오픈 첫날에는 많은 미디어가 취재를 오셔서 오프닝 세레모니를 열었습니다. 통칭 '타이타닉'에서 코야마 사장과 투샷으로 나란히 서서 설명을 하는 제 손은 기쁨으로 조금씩 떨리고 있었습니다.

당일 사회를 맡은 사토루만은 그 사실을 눈치채고 있었던 것 같습니다.

개업 직후부터
인기 폭발

THE CITY BAKERY 하쿠바점은 개업 직후부터 큰 인기를 끌었습니다.

오픈한 2018년 10월, 11월은 당초 예상보다 3배 가까운 매출을 기록했습니다. 빵을 구입하기 위해서는 1시간 이상 줄을 서서 기다려야 할 정도였습니다. 이 혼란은 THE CITY BAKERY에서 파견한 오픈 지원팀 덕분에 무사히 극복할 수 있었습니다.

게다가 정기적으로 현장을 방문해주신 코야마 사장 이하 FONZ 팀과 긴밀하게 협의하여 매장 레이아웃 변경, 빵 굽는 작업의 재검토 등을 유연하게 진행하게 됩니다.

사람들로 북적이는 '하쿠바 마운틴 하버' 입구

그 결과, 이듬해 봄부터는 판매 능력을 두 배로 늘릴 수 있었습니다.

이렇게 여러 가지 부담을 안겨주었지만, 매출은 예상보다 훨씬 더 큰 성과를 거두었습니다. FONZ에도 당초 예상보다 훨씬 더 많은 로열티를 지불할 수 있었습니다.

그리고 여러 미디어에서 THE CITY BAKERY 하쿠바점이 노출되었습니다. "하쿠바에서 처음으로 THE CITY BAKERY를 만나고 좋아하게 되었다"라는 댓글이 달리기도 했습니다.

그런 의미에서 금전적인 것뿐만 아니라 상대 브랜드에 대한 혜택도 제대로 제공한 것이 아닌가 생각합니다.

이처럼 프랜차이즈 형식이라는 제안 덕분에 양사의 강점을 살린 사업이 이루어졌고, 그야말로 Win-Win이라고 할 수 있는 관계를 구축할 수 있었습니다(물론, 우리가 받은 혜택이 더 컸지만요).

지금까지 전례가 없었음에도 불구하고 "같은 지역에 뿌리를 둔 기업으로서 도움이 되고 싶었다"며 유연한 제안을 해주신 코야마 사장에게는 지금도 진심으로 감사를 드리고 싶습니다.

외부의 사람과 팀을 통해
외부의 눈을 강화한다

툭하면 "지방의 관광지니까, 지방의 맛을 살리는 것이 가장 좋다"라는 소리를 듣습니다. 물론 '그 지역만의 특색'은 매우 중요합니다. 하지만 도시에서 지방을 찾는 사람들 모두가 '지방의 특색'을 원한다고는 할 수 없습니다.

우선, **평소 맛있는 음식이나 세련된 공간에 익숙한 손님들에게 일정 수준 이상의 만족감과 안정감을 제공하는 것이 우선입니다.** 그래야만 '그 지역만의 특색(이와타케를 예로 들면 북알프스의 절경 등)'을 여유롭게 즐길 수 있게 된다고 생각합니다.

자신들만의 힘, 노하우로는 그 수준에 도달하는 것이 분명 어려울 수 있습니다. 그렇다면 **도시에서 멋진 사업을 전개하고 있는 '외부의 사람과 적극적으로 협력해야 합니다.**

'그 지역만의 특색'과 '외부의 눈'을 잘 결합하면 '숨겨진 자산'을 보다 효과적으로 활용할 수 있습니다. 이것은 CHAPTER 3에서 말씀드린 내부적인 것뿐만 아니라, 외부와의 협력에 대해서도 마찬가지입니다.

THE CITY BAKERY와의 협업 외에도 이러한 외부 파트너와의 협력은 하쿠바 지역 활성화의 다양한 장면에서 큰 힘을 발휘하고 있습니다.

스노우피크
야마이 토오루 사장과의 만남

일본 최고의 아웃도어 브랜드인 스노우피크 역시 우리 하쿠바에 있어 빼놓을 수 없는 파트너입니다.

아웃도어 업계에서 가장 유명한 경영자 중 한 사람인 스노우피크의 야마이 토오루 사장과의 만남은 2016년 10월로 거슬러 올라갑니다. 하쿠바에서 오랫동안 숙박시설을 운영하던 한 여성이 무작정 야마이 사장을 찾아가 "하쿠바를 도와주세요"라고 SOS를 보낸 것이 계기였습니다.

당시에는 해외 여행객의 수가 점점 증가하는 추세였습니다. 일부러 외국에서 오신 여행객들은 하쿠바에 며칠씩 머무는 것이 일반

적입니다.

그러나 하쿠바는 과거 일본 특유의 '1박 2일, 2식 포함'의 숙박을 전제로 상점가가 조성되어 있었습니다. 장기 체류자를 위한 음식, 쇼핑 등 '애프터 스키'를 즐길 수 있는 장소가 압도적으로 부족했던 것입니다.

또한, 당시에는 하쿠바무라의 관광정보센터가 마을회관 별관 2층에 위치하고 있었습니다. 이것만으로는 여행객들이 '관광 정보를 수집'하는 중심시설이 될 수 없습니다(마을회관 별관 2층을 찾아갈 수 있는 사람에게 관광 안내가 필요하다고 생각하십니까?).

하쿠바가 리조트로 진화하기 위해서는 '여행자들에게 출입구가 되고, 부족한 기능을 보완할 수 있는 상점가의 얼굴이 될 수 있는 시설'이 필수적이라고 판단했습니다.

그렇게 생각한 우리는 하쿠바역에서 가까운 거리에 북알프스의 조망을 갖춘 1만 5,000평방미터 정도의 유휴지(통칭 '제4주차장')를 주목했습니다. 이곳은 스키 버블기에 스키장의 주차장으로 빌려 쓰다가 지금은 사용하지 않는, 그야말로 '숨겨진 자산'이었습니다.

지금부터 매번 반복되는 이야기지만 '아이디어만 있고, 실행에 옮기기 위한 브랜드도 노하우도 자금도 아무것도 없는' 상태. 있는 것이라고는 교통이 편리하고 절경을 바라볼 수 있는 평탄한 땅뿐입니다.

그렇다면 필수적인 것은 파트너를 찾는 것입니다.

이것도 매번 반복되는 흐름이지만, 남의 눈치만 보는 상태에서는 좀처럼 일이 진행되지 않는 것이 당연합니다. 어떻게든 사업화를 하겠다고 결정한 지 2년 가까이 아무것도 진행되지 않은 상태로 있었습니다.

그러던 중 한 여성으로부터 전화가 걸려왔습니다.

"이번에 야마이 사장이 하쿠바에 오기로 했어요. 와다 씨, 뭔가 제안하고 싶은 안건이 없나요?"

라는 것이었습니다. 허둥지둥 황망한 기분이었던 저는

"꼭! 만나 뵙고 싶습니다!"

라고 즉석에서 대답하고 있었습니다.

최고의
가을 햇살 아래

이날은 하늘이 FONZ 코야마 사장 때와는 다른 흐름을 만들어 주셨습니다.

단풍도 아직 본격적으로 시작되지 않은 10월 초순, 최고의 푸른 하늘 아래 하쿠바의 산들이 절경으로 야마이 사장을 반겨주었습니다.

먼저 다른 팀이 핫포오네 능선을 안내한 후(후일담이지만, 몇 년 후 스노우피크가 기획한 국내 최고봉에 위치한 글램핑장이 핫포오네에 완성되었습니다), 야마이 사장 일행이 이와타케에 도착했습니다. 곤돌라 리프트를 타고 정상까지 안내한 후, 저녁에는 산 아래로 내려와 '제4주차장'으로 모셨습니다.

나중에 들은 이야기지만, 야마이 사장은 처음에 "지금까지 여러 곳을 가보았기 때문에 웬만한 경치로는 놀라지 않는다"라고 말씀 하셨다고 합니다. 하지만 그 무렵에는 하쿠바의 절경을 풀코스로 즐기면서 하쿠바를 진심으로 좋아해 주셨던 것 같습니다. 아무튼 '제4주차장'의 토지 개요와 프로젝트의 취지를 설명해드리자 "어떤 형태가 될지 모르겠지만, 같이 해봅시다. 우선 테스트 삼아 이벤트를 개최해보죠" 라고 즉석에서 결정해 주셨습니다.

그 후, 야마이 사장의 지시에 따라 우선 2017년 여름에 핫포오네 와 이와타케를 메인 장소로 하여 글램핑 행사를 개최하게 됩니다. 스노우피크 팀과 긴밀하게 교류하면서 그들의 '아웃도어 공간을 멋지게 꾸미는 노하우'에 압도당하게 됩니다(사실 그때의 스노우 피크 팀이 이와타케 정상에서 펼친 공간 연출이 이후 하쿠바 마운 틴 하버와 그 주변의 구상에 큰 힌트가 되었습니다).

이 행사는 성공적으로 마무리됩니다. 하쿠바에서의 활동에 자신감 을 얻은 스노우피크로부터 '제4주차장'에 직접 건물을 짓고 운영 하고 싶다는 제안을 받게 됩니다.

처음에는 이곳에 펀드 등으로 자금을 조달하여 시설을 만들고 입주를 부탁할 생각이었기에, 예상치 못한 상당히 긍정적인 제안에 놀랐습니다. 물론 그 제안에 합의하게 됩니다.

주식회사 스노우피크하쿠바
설립

2018년 9월에는 스노우피크를 주요 출자자로 하고, 하쿠바 측이 극히 일부지만 공동출자하는 형태로 주식회사 스노우피크하쿠바를 설립하게 됩니다. 저도 회사의 이사로서 각종 논의에 지속적으로 참여하고 있습니다.

설계와 시공, 매장 운영 등의 준비는 스노우피크 측이 주축이 되어 진행하고, 저희는 토지 소유자들과의 조율과 행정 업무, 보조금 확보 등을 맡아 준비를 했습니다.

디자인 설계는 야마이 회장과 평소 친분이 있던 세계적인 건축가 쿠마 겐고 선생님께 의뢰하게 되었습니다.

완성된 것은 쿠마 선생님 특유의 목조 구조가 특징인 자연과 조화를 이루는 건물로 테라스와 외부 공간을 최대한 넓게 확보하여 아웃도어 생활을 즐길 수 있는 디자인에는 감탄이 절로 나옵니다. 멋진 파트너가 더욱 멋진 파트너를 모셔온 결과였습니다.

코로나 사태의 영향으로 개업이 조금 늦어졌지만, 이렇게 2020년 봄 '스노우피크 랜드 스테이션 하쿠바점'이 문을 열었습니다.

이 시설에서는 쇼핑과 캠핑용품 렌탈, 음식, 이벤트 등 다양한 콘텐츠를 선보이며, 하쿠바의 웅장한 자연 속에서 스노우피크가 제안하는 아웃도어의 즐거움을 통합적으로 체험할 수 있는 새로운 '체험형 시설'이 되었습니다.

코로나로 인해 방문객의 발길이 뜸해진 시기였지만, 스노우피크의 브랜드 파워와 시설의 높은 매력이 더해져 개업부터 많은 손님들로 붐비게 되었습니다. 하쿠바라는 입지에도 불구하고 오픈 첫해부터 스노우피크 직영점 중 최고의 매출을 기록하는 것으로 알려져 있습니다.

스노우피크가 하쿠바에 자리잡음으로써 하쿠바 전체에 매우 긍정적인 영향을 끼쳤습니다. 또한, 스노우피크에도 일정 부분 이점이

스노우피크 랜드 스테이션 하쿠바점 매장

스노우피크 랜드 스테이션 하쿠바점 외관

있었다고 생각합니다.

이러한 Win-Win의 파트너십을 구축하는 것이 지역 활성화에 매우 중요한 역할을 한 사례라고 할 수 있습니다.

CHAVATY의 도움으로
하쿠바 히토토키노모리 개업

2021년 가을, 또 하나의 멋진 Win-Win 파트너십을 체결하게 됩니다. CHAPTER 3에서 아저씨 둘이 여대생들에게 둘러싸여 30분 동안 줄을 섰다고 썼던 도쿄 오모테산도와 교토 아라시야마에서 큰 인기를 얻고 있는 스콘 전문점 CHAVATY입니다.

하쿠바 마운틴 하버의 개장 이후, 그린 시즌의 방문객 수가 급증했습니다. 반가운 소식이지만, 연휴가 되면 산 정상 일대에는 사람들로 북적거리고, 레스토랑과 액티비티 시설의 대기 시간도 크게 늘어났습니다.
이대로는 방문객들의 만족도가 오르지 않고, 언젠가는 지겨워질 수 있습니다.

이러한 위기감을 느낀 우리는 2020년 가을 무렵부터 산 정상 지역 외에 다른 매력적인 지역, 새로운 액티비티를 개척할 수 없을까 고민하기 시작합니다.

그래서 눈여겨본 곳이 겨울철 메인 리프트 중 하나인 '5라인 사우스 리프트'의 기점 지역입니다. 산 아래에서 곤돌라 리프트를 타고 산 정상에 오른 후, 리프트를 타고 중턱까지 내려가는 곳입니다.

이곳에서는 하쿠바 마운틴 하버와는 다른 느낌의 매력적인 풍경을 감상할 수 있습니다. 게다가 정상 지역보다 평탄한 공간이 펼쳐져 있어 정상 지역에서 부족했던 요소들을 보완할 수도 있었습니다.

그래서 이 지역을 '하쿠바 히토토키노모리'로 정비하게 되었습니다. 이곳의 핵심이 된 것이 'CHAVATY 하쿠바점'입니다. 여대생들에게 둘러싸여 당황스러웠던 기억도 남아있지만, 그보다 더 선명하게 남아있는 것은 지금까지 맛보지 못했던 티라떼와 스콘의 맛에 대한 기억이었습니다.

심플한 메뉴 구성이면서도 매우 강력한 '코어'가 되는 상품을 가지고 있다는 점은 제약 조건이 많은 산 위에서 운영을 해야 하는 우

'하쿠바 히토토키노모리'의 전경

CHAVATY의 시그니쳐 메뉴인 스콘과 티라떼

리에게는 매력적으로 다가왔습니다.

여기부터는 지금까지와 크게 다르지 않습니다. 지인들을 통해 CHAVATY를 소개받고, 하쿠바의 매력을 호소하고, 하쿠바로 초청하여 장점을 느끼게 하고, 비즈니스로 연결하는 식의 흐름입니다. CHAVATY 덕분에 시설의 디자인이나 메뉴 등도 매우 세련되게 바뀌었습니다. 그리고 결과적으로 이전보다 더 많은 방문객이 오셔도 훨씬 편안하게 시간을 보내실 수 있게 되었습니다.

실제로 이 책의 서두에서 언급했던 2022년 5월 4일 4,700명이라는 방문객은 지금까지 최고 기록이었던 3,400명(하쿠바 히토토키노모리 오픈 전인 2021년 10월)을 훌쩍 뛰어넘는 수치입니다. CHAVATY를 맛보기 위해 지금까지의 1.5배에 가까운 방문객이 찾아왔음에도 불구하고, 산 정상 부근에서 큰 혼란은 없었습니다. 그만큼 하쿠바 히토토키노모리의 효과가 나타난 것이라고 할 수 있을 것입니다.

파트너를 찾는
여정

물론, 책에는 상세한 것을 적지 못하지만, 파트너십을 모색하다가
잘 안 된 사례들도 많이 있습니다. 성공도 실패도 많은 경험을 했
습니다.

그것들을 돌이켜보면, 최고의 Win-Win 파트너십을 만들기 위해
서는 몇 가지 단계를 거쳐야 한다는 것을 생각하게 합니다.

성공에 필요한 단계는 다음과 같이 정리할 수 있습니다.

파트너십 구축을 위한 6단계

【스텝 ①】
활용하고 싶은 '숨겨진 자산'을 제대로 찾아내어 언어화한다.

【스텝 ②】
'숨겨진 자산'을 활용하기에 적합한 파트너 후보를 리스트업한다.

【스텝 ③】
먼저 거절당할 확률을 낮추기 위해 정중하게 약속을 잡는다(가능하다면 믿을 수 있는 사람을 찾아 소개를 부탁한다).

【스텝 ④】
우리와 상대방의 강점 균형을 잘 맞출 수 있는 최적의 파트너십 형태를 찾는다.

【스텝 ⑤】
파트너 후보에게 파트너십의 메리트를 명확하게 전달한다.

【스텝 ⑥】
잘 안 되더라도 포기하지 않는다. 마지막은 열정과 패기로 결정된다.

스텝 ①의 중요성에 대해서는 CHAPTER 1에서 설명한 바가 있습니다. '숨겨진 자산'의 매력을 잘못 정의하면 적합한 파트너를 찾을 수 없다는 것을 이해하실 것입니다.

'하쿠바 마운틴 하버'의 FONZ와의 사례에서는 '이와타케 정상의 절경'이, 스노우피크와의 사례에서는 '교통이 편리하고 절경을 볼 수 있음에도 불구하고 사용하지 않는 광활한 주차장 부지'가 '숨겨진 자산'이었습니다.

CHAPTER 4에서 설명한 상점가 활성화에 있어 Funny와의 사례도 Win-Win 파트너십의 사례입니다. 이 경우 '매력적인 상점가 풍경과 그 안에 산재한 오래된 고택들'이 지역 전체로 봤을 때 '숨겨진 자산'이었습니다.

누구와 파트너를 맺어야 하는가(스텝 ②)에 대해서는 과학적인 정답이 없습니다. 여러 후보들을 놓고 비교 검토하는 것이 중요하지만, 결국에는 '**자신이 좋아하는 브랜드, 연락이 닿을 수 있는, 어쩌면 관심을 가져줄 수도 있을 것 같은 상대**'부터 차례로 연락을 취하는 수밖에 없습니다.

그 '좋아함'의 정확도를 높이고, 후보를 많이 추리기 위해서라도 CHAPTER 3에서 말했던 '**외부의 눈**'과 '**외부의 경험**'을 가진 사람이 팀 내에 있는 것이 중요합니다. 물론 '내부의 사람'도 다양한 경험을 쌓으면서 '**외부의 눈**'을 연마할 필요가 있습니다.

연락을 취하고 싶다고 생각하는 상대는 대부분 '인기가 많은 사람'

입니다. 따라서 이미 여러 사람으로부터 많은 러브콜을 받고 있다는 전제하에 접근해야 합니다.

갑자기 메일을 보내거나 전화를 한다고 해서 관심을 가질 확률은 그다지 높지 않습니다(야마이 사장을 하쿠바로 부른 경우는 어디까지나 운이 좋은 예외일 뿐입니다). **'상대방이 쉽게 거절하기 어려울 것 같은 사람'**에게 소개를 부탁하는 것이 만날 수 있는 확률을 높이는 방법입니다(스텝 ③). 이 점에 대해서는 CHAPTER 6에서 좀 더 자세히 설명하겠습니다.

최적의
파트너십 형태 선택

스텝 ④의 '최적의 파트너십 형태 선택'도 매우 중요합니다.

여기서 도움이 되는 것은 '**브랜드 파워**', '**운영 능력**', '**자금력**' 등 각각에서 **상대방과 자사를 비교하고 어느 쪽에 강점이 있는지를 정리**하는 것입니다. 다음 표를 참고해주시길 바랍니다.

지금까지 설명한 구체적인 사례들을 보면, 다음과 같은 패턴으로 정리할 수 있습니다.

① 프랜차이즈

FONZ의 경우, 브랜드 파워는 상대방이 강했고 산악 지역에서의 운영 능력은 저희가 강했기 때문에 프랜차이즈 형태가 합리적인

파트너십을 맺을 때의 기본적인 사고방식

		브랜드 파워	
		상대의 강점	자사의 강점
운영 능력	상대의 강점	【자사의 자금 여유가 없음】 ③ 상대방 직영 사업 (자사는 현지 안내인)	운영 위탁
		【자사의 자금 여유가 있음】 ② 임대 사업	
	자사의 강점	① 프랜차이즈	기본적으로 자체 운영 상대방의 관심이 높으면 협찬을 받음

해결책이 되었습니다. CHAVATY와 파트너십을 맺을 때에도 같은 방식으로 진행하는 등, 이후 프랜차이즈는 우리 안에서 하나의 패턴이 되었습니다.

② 임대 사업

Funny와의 경우, 지역활성화지원기구와 지역 은행 등이 출자한 펀드의 지원이 있었기 때문에 자금적인 측면에서 우리가 더 유리한 상황이었습니다. 그래서 우리가 투자를 하고, 브랜드 파워와 운영 능력에 강점을 가진 Funny를 임대 사업자로 입주시킨 것입니다.

③ 상대방 직영 사업

스노우피크와의 사례는 브랜드 파워, 운영 능력, 자금 능력 모두에서 상대방에게 압도적인 강점이 있었습니다. 그래서 '하쿠바의 절경은 대단하다'라는 야마이 사장의 직감에 의지하여 우리가 물꼬를 트고, 결과적으로 하쿠바 지역에 큰 임팩트를 남기는 케이스가 되었습니다.

상대방의 메리트는
무엇인가?

파트너가 되어줄지도 모르는 상대방에게 **우리와 함께 일하게 되면 어떤 메리트가 있는지 명확하게 전달하는 것은 필수적입니다**(스텝 ⑤).

상대방이 얻는 메리트에는 물론 로열티와 같은 금전적인 부분도 있습니다. THE CITY BAKERY와의 협력이 바로 이 경우였습니다.

다만, 그 밖에도 **'브랜드 가치 상승'이라는 메리트**를 놓쳐서는 안 됩니다.

브랜드 가치에 관해서 우리는 몇 가지 '유형'이 있다고 생각하고 외부에 설명하고 있습니다.

하나는 아웃도어를 좋아하는 사람들이 일정 수준 이상(연간 20만

명 이상) 방문하여 장시간을 머무는 장소에서 브랜드를 노출할 수 있다는 것입니다. 산 위라는 비일상적인 공간에서 브랜드를 접하게 되면, 고객에게 깊은 인상을 남기기 쉽다는 것도 있습니다.

또한, 해외 관광객들이 장기간 체류하는 지역이라는 것도 특정 상대에게는 메리트가 될 수 있습니다.

실제로 스노우피크의 야마이 사장도 스노우피크 행사장에서 열린 기자간담회에서 다음과 같이 말했습니다.

"스누우피크는 해외 진출을 적극적으로 추진하고 있는 중입니다. '스노우피크 랜드 스테이션 하쿠바점'은 하쿠바에 유럽과 미국에서 온 관광객을 유치하는 효과와 함께 하쿠바에서 스노우피크 제품을 체험한 사람들이 본국으로 돌아가서 스노우피크 제품을 구매하게 되는 효과도 기대하고 있습니다"

파트너십을 맺는 상대에게 어떤 메리트를 줄 수 있는가? 이것을 생각하기 위해서는 **자신이 보유한 '숨겨진 자산'을 다각적으로, 정량적으로 설명하는 것이 중요**합니다.

거절당하는 것을
두려워하지 않는다

여러 가지 이론을 말했지만, **결국 가장 중요한 것은 상대와의 궁합**일 수밖에 없습니다.

우리가 함께 하고 싶어도 상대가 그렇게 생각하지 않으면 어쩔 수 없습니다. 물론, FONZ의 사례처럼 포기하지 않고 계속 설득하여 좋은 결과를 이끄는 경우도 있었지만, 그렇지 못한 경우도 많았습니다.

하지만 '숨겨진 자산'을 활용하기 위해 외부의 힘이 필요하다면, 포기하지 않고 계속 연락을 취하는 수밖에 없습니다(스텝 ⑥).

'거절당할 수도 있으니까 연락을 하지 않는다'라고 해봐야 잘 될 리가 없습니다.

'밑져야 본전, 지금과 같은 일을 계속해도 힘들어질 뿐, 잘 되면 행운'이라는 마음으로 계속 적극적으로 나설 수밖에 없습니다.

이쯤 되면, 저는 '연애와 똑같구나'라는 생각이 듭니다.

그리고 또 하나, 연애와 마찬가지로 중요한 것이 있습니다.

그것은 상대와 파트너를 맺으면 열심히 사랑하는 것입니다. **상대에게 제시한 '메리트'를 제대로 실현할 수 있도록 계속 노력하는 것입니다.** 그런 자세가 없으면 상대에게 실례가 되고, 다음 사업의 파트너 후보들도 우리의 그런 노력을 제대로 지켜보고 있습니다.

5

· 자사에 없는 경영 자원을 확보하기 위해 외부와의 파트너십을
모색한다.

· 최적의 상대를 찾기 위해, 평소부터 적극적으로 '외부의 눈'을
확보해 둔다.

· '어차피 상대가 되지 않는다'라고 처음부터 포기하지 않는다.

· 프랜차이즈, 임대 사업, 직영 사업의 세 가지 파트너십 형태 중
에서 가장 적합한 것을 선택한다.

· 마지막에는 열정과 애정. 꾸준히 협상을 계속하고, 파트너가
되었을 때 상대방에게 최대한의 메리트를 줄 수 있도록 노력을
게을리하지 않는다.

외부의 힘을 활용하라!
강력한 응원단을 결성하다

응원단의 힘으로 숨겨진 자산을 빛낸다

인기 밴드 '스키마 스위치'의 도키타 신타로의 응원으로 실현된
뮤직 페스티발. 하쿠바 이와타케의 정상에 1,000명에 가까운
관객들의 박수 소리가 울려 퍼졌다.

"몇 번이고 반복해서 말씀드리지만, 하쿠바 스태프 여러분, 정말 감사합니다. 큰 박수 부탁드립니다"

국내에서 보기 드문(아마도 국내 최초) 산 정상에서의 뮤직 페스티벌. 하쿠바를 찾아준 1,000명의 팬들이 일제히 박수를 보냅니다. 조금 전까지 행사장 구석구석을 뛰어다니던 스태프들에게는 그야말로 감동의 폭포가 되었습니다. 3명이 나란히 서서 듣고 있던 켄지, 사토루 그리고 저는 울컥하고 말았습니다. 눈에는 굵은 눈물이 반짝이고 있었습니다.

2020년 10월 4일.

'알펜 아웃도어 프레젠트 HAKUBA 유-후! FESTIVAL'(이하 '유-후! 페스티벌') 둘째 날, 해가 뉘엿뉘엿 넘어가는 이와타케의 정상. 1,000명 가까운 관객들의 앙코르 박수에 응답하여 나온 사람은 스키마 스위치의 두 사람이었습니다. 앙코르곡을 함께 부르기 위해 페스티벌의 프로듀서인 ISEKI도 무대에 모습을 드러냈습니다. 스키마 스위치가 "한 말씀 부탁드립니다"라고 하자, ISEKI가 하쿠바 스태프에게 박수를 돌린 것이었습니다.

아마추어가 이런 큰 이벤트를 진행하게 될 줄은 몰랐습니다. 코로나 사태로 어쩔 수 없이 일정을 연기했던 것도 힘들었지만, 각종 행사에 대한 눈높이가 엄격해진 가운데 집객도 생각대로 되지 않았습니다.

그런 고생들이 떠올랐지만, ISEKI의 한마디로 모든 것을 보상받는 기분이었습니다.

스키마 스위치와의
만남

유-후! 페스티벌의 시작은 스키마 스위치의 도키타 신타로가 만들어 준 것입니다.

신타로와의 만남은 슈퍼 영업맨 사토루와 함께 진행하던 '하타고 마루하치' 프로젝트가 계기가 되었습니다. 이 프로젝트가 2019년 2월 TV도쿄의 방송에서 30분 가까이 소개된 것이 신타로의 눈에 띈 것입니다.

사실 신타로는 어렸을 때부터 하쿠바 이와타케에 다녔다고 합니다. 페스티벌 당일에는 무대에서

"나는 엄마 뱃속에 있을 때부터 하쿠바에 다녔어요. 만삭의 엄마가 이와타케에서 찍은 사진이 있을 정도죠"

라고 말할 정도로 열혈 하쿠바 팬이었습니다. 그래서 방송을 본 신타로는 자주 묵었던 이와타케의 산장 주인을 통해 "식사나 한번 하시죠"라는 연락을 해온 것이었습니다.

그런 인연으로 신타로와 자주 연락을 주고받게 된 어느 날 갑자기 "이런 절경의 이와타케 정상에서 뮤직 페스티벌을 하면 좋을 것 같다"

라는 이야기가 나왔습니다. 신타로는

"그럼, 이벤트 기획에 관해서는 가장 신뢰할 수 있는 ISEKI를 소개할 테니, 잘 기획해주세요"

라며 ISEKI를 소개받게 되었습니다.

오테마치의 스타벅스에서
하쿠바까지

마운틴 하버가 생긴 후, 이전까지 하쿠바를 자주 찾지 않았던 젊은 여성들의 발길이 잦아지기는 했지만, 아직도 많은 사람들에게 그린 시즌의 하쿠바는 여행지 중 하나로 인식되고 있지 않은 상황이었습니다.

반면, 한 번이라도 그린 시즌에 하쿠바 이와타케를 방문했던 고객들은 "좋았다"라며 재방문해주는 고객들이 많아지는 것을 목격하고 있었습니다.

그렇다면 어떤 이유에서든 한 번이라도 하쿠바 이와타케의 절경을 접할 수 있는 기회를 만들 수 있다면, 팬들이 더 늘어나지 않을까?

그렇게 생각하고 있을 때, 절경을 내세운 뮤직 페스티벌이라는 아이디어가 떠올랐습니다. 산 정상의 넓은 잔디광장이라는 **'숨겨진 자산'**을 활용하면서, '특별한 일이 없었다면 이와타케에 오지 않았을 최초 방문 고객'을 늘리는 데 안성맞춤입니다. 산 정상에서의 뮤직 페스티벌이라는 구상은 다른 유사 사례도 없어 보였습니다.

그렇게 2019년 겨울이 끝날 무렵, 사토루와 저는 처음으로 ISEKI를 만나기 위해 도쿄로 향했습니다.

뮤직 페스티벌을 하자고 말했지만, 사실 저는 뮤지션이나 음악 업계에 대해 잘 알지 못했습니다. ISEKI가 얼마나 대단한 사람인지도 전혀 몰랐습니다. 그래서 약속 장소로 전 직장 시절부터 자주 이용하던 사람이 많이 다니는 오테마치의 스타벅스를 지정해 버린 것입니다.

그리고 ISEKI와의 첫 만남. 스타벅스로 불렀다는 조금 무례한 행동에도 불구하고 매우 친절하게 뮤직 페스티벌을 만드는 방법을 알려주셨습니다. 그 친절한 성품에 놀랐지만, 한편으로는
"지방에서 개최하는 페스티벌은 힘들어요. 수도권에서 할 때보다 관객이 10분의 1 정도밖에 안 되는 것을 각오해야 해요. 평소에는

수천 명 규모의 경기장을 가득 채우는 아티스트들을 불러모아도 관객은 수백 명에 불과하다고 생각해야 합니다"

"수지타산적으로 봐도 1~2회차에는 손익분기점을 맞추는 것도 쉽지 않아요. 그럴 각오가 되어 있나요?"

"지금까지 이런 행사를 경험한 적이 없으신 것 같은데요. 정말 괜찮겠어요?"

라고 걱정을 해주십니다.

그럼에도 불구하고 '절경×음악'이 향후 하쿠바의 위상 향상에 절대적으로 도움이 될 것이라 믿었던 우리는 포기를 할 수 없습니다.

늘 하던 패턴이지만

"글쎄요, 일단은 하쿠바로 한번 와주세요"

라고 말하며 다음 약속을 잡을 수 있었습니다.

하쿠바에
빠져들다

그리고 5월, ISEKI와 그의 팀이 하쿠바에 왔습니다.

사실 5월의 하쿠바는 최고의 계절입니다. 산에는 새하얀 눈이 아직 남아있는 가운데, 고도가 낮은 마을 지역에서는 서서히 신록이 돋아나기 시작합니다. 1년 중 방문객이 가장 적은 시기이지만, 맑은 날씨와 따뜻해진 기후는 매우 쾌적합니다. 현지인들에게 '가장 좋아하는 계절'을 물어보면 5월부터 6월 초순, 신록의 시기를 꼽는 사람이 많을 정도입니다.

ISEKI의 팀이 방문한 그날도 바로 신록이 눈부신 5월의 화창한 날이었습니다. 음악 행사를 한다면 어디가 좋을지 이야기를 나누며, 이와타케 정상 주변 구석구석을 소개합니다.

주변을 둘러보며 사람들은

"이런 절경이 일본에 있구나"

"이런 경치를 배경으로 노래를 부르면 아티스트들이 좋아하겠는 걸"

"5월의 하쿠바, 정말 최고야. 더 많은 사람들에게 알려지면 인기가 많아질 것 같은데"

하며 매우 만족스러운 모습입니다. 안내하던 저와 켄지, 사토루 세 사람은 '넘어왔군'이라는 얼굴로 서로를 쳐다봅니다.

결국, 팀 전체가 흥이 나서, 신나게 이야기는 진행됩니다.

장소는 이와타케 정상의 잔디광장, 개최 시기는 이듬해 2020년 5월 하순, 집객 목표는 1,000명으로 이틀간의 페스티벌을 개최하기로 결정되었습니다.

여러 가지 어려움도
응원단과 함께 즐기면서

개최 결정까지는 순조롭게 진행되었지만, 아쉽게도 우리는 뮤직 페스티벌에 대해서는 아마추어 집단입니다. 회사를 둘러봐도 관객으로 페스티벌에 참가한 적이 있는 사람조차 사무실의 젊은 남자 직원 한 명뿐입니다.

이래서는 안 되겠다 싶어, 우선은 다른 곳에서 열리는 썸머 페스티벌에 서둘러 참가하고

'그래, 이런 것이었구나'

라며 처음 공부하는 형편입니다.

이렇게 해서 '페스티벌이 어떤 것인지'는 최소한으로 알게 되었지

만, 어떤 순서로 무엇부터 준비해야 할지, 애초에 어떤 티켓을 팔아야 하는지는 전혀 모르겠습니다. 결국 '응원단'이 되어준 ISEKI 팀이 ABC부터 하나하나씩 가르쳐 주었습니다.

ISEKI는 우선 메인 스폰서부터 찾아야 한다고 말했습니다. 그래서 바로 스포츠용품 유통업체인 알펜에 연락을 취했습니다.

사실 알펜과 저는 인연이 적지 않습니다. 이 회사의 주역 중 한 명인 COO가 저의 컨설팅 시절 동료였기 때문입니다. 이러한 인연으로 그동안 '아웃도어 리테일'의 강자인 알펜과 우리 사이에는 다양한 제휴가 이뤄져 왔습니다.

예를 들어, 이와타케 중턱에 있는 캠핑장도 알펜 아웃도어 프레젠트와 협업한 곳입니다. 마치 알펜 아웃도어 매장에 전시되어 있는 것처럼, 세련된 최신 캠핑용품을 실제로 캠핑장에서 체험할 수 있는 장치를 만들어 놓았습니다.

이번 페스티벌을 개최하면서 이러한 관계의 연장선에서 스폰서 부탁을 하러 갔습니다. 평소 아웃도어 필드에 나오지 않던 고객들이 '음악'을 키워드로 밖으로 나온다. 이 타이밍을 함께 만들어 줄 수 없겠느냐고 설득을 시작했습니다.

결과는 좋았습니다. 취지에 공감해 주시고, 메인 스폰서가 되는 것을 흔쾌히 동의해 주셨습니다. 그래서 행사명으로 '알펜 아웃도어 프레젠트 HAKUBA 유-후! FESTIVAL'로 정했습니다.

이렇게 국내 최대 스포츠용품 유통업체라는 강력한 응원단의 후원을 받을 수 있게 되었습니다.

코로나 사태가
직격

우리가 스폰서를 찾는 동안 ISEKI 팀에서도 아티스트 부킹을 완료하여, 스키마 스위치를 비롯한 멋진 멤버들이 모였습니다.

그리고 티켓 판매도 순조롭게 시작될 즈음, 갑자기 먹구름이 드리워졌습니다. 개최까지 석 달도 채 남지 않은 2월 말, 일본에서도 코로나 확산이 시작된 것입니다.

세상의 모든 행사들이 악재로 줄줄이 중단되기 시작했습니다. 4월에는 긴급사태 선언도 발령되어 더 이상 뮤직 페스티벌을 할 수 있는 분위기가 아니게 되어 버렸습니다.

이런 상황에서 개최를 고집하면 오히려 평판이 떨어지고, 앞으로 이어질 수 없게 됩니다. 동참해준 아티스트들에게도 폐를 끼칠 가능성이 높습니다. 그렇게 판단한 저희는 울며 겨자 먹기로 5월 개최를 포기하기로 합니다.

다만, 우리는 아무래도 이 행사를 개최하는 것 자체는 포기하고 싶지 않았습니다. 그런 저희 마음을 모든 분들이 공감해 주셨습니다. 코로나가 진정되기를 기대하며, 스키마 스위치의 일정이 유일하게 가능했던 그해 10월 초에 일정을 다시 잡기로 했습니다.

일부 아티스트가 불참하게 된 점과 세상 자체가 이벤트 참가에 소극적으로 변한 것도 있어, 재조정 후의 티켓 판매는 5월 예정보다 저조했습니다.

그래도 한 명이라도 더 많은 사람들에게 하쿠바를 알릴 기회를 만들고 싶다는 우리의 마음을 ISEKI 팀이 응원해줬습니다. 라디오나 SNS를 통해 반복적으로 공지를 해주면서, 정말 개최가 가능한지, 코로나 상황을 면밀하게 살피면서 준비를 해나가기 시작했습니다.

GAKU-MC의
눈물

8월쯤부터 코로나 감염 상황이 진정되기 시작했고, 확진자 수가 급감하면서 '어쩌면 페스티벌을 개최할 수 있지 않을까'하는 실낱같은 희망이 생기기 시작했습니다(그 후, 겨울이 되면서 또다시 긴급사태 선언이 발령되었기 때문에 지금 생각해보면 딱 '틈새'와 같은 시기였습니다).

그래도 아직 주변에서 페스티벌을 개최하는 곳은 많지 않았습니다. 개최한 곳 중에는 SNS 등을 통해 감염 대책이 허술하다고 비난을 받는 경우도 많아, 페스티벌의 개최는 매우 어려운 결정이었습니다.

결국 '야외에서 하는 행사인 만큼 우리가 거리두기 운영을 잘하면 괜찮다'라는 신념으로 확실한 대책을 내놓자 ISEKI 팀과 알펜 모두가 개최를 지지해 주셨습니다.

덕분에 간신히 10월 3~4일 이틀간 유-후! 페스티벌을 개최할 수 있었습니다. 일기예보는 애매했지만, 하늘이 응원을 하였는지 날씨는 맑았고, 북알프스의 산들이 많은 관객을 맞이해 주었습니다.

2일째 중반.

1,000명에 가까운 관객들이 절경과 멋진 음악을 즐기는 가운데, 어쿠스틱 기타를 치면서 랩을 하는 독특한 퍼포먼스로 많은 사랑을 받은 GAKU-MC가 피아노 반주를 배경으로 관객들에게 말을 건넵니다.

"음악이 최고라고 생각하는 사람~!"

"이야, 정말 기쁘네요. 지금처럼 이렇게 다 같이 하나가 되어, 땀 흘리며 맥주를 마시면서……예에……2019년까지는 평범하게……"

"아~, 저~(목소리가 잠기면서)……일상이라는 것은, 일상이 아니었구나, 라는 것을 다들 깨달았을 거라고 생각합니다"

"저도 그렇고, 여러분 한분 한분도 그렇고, 오늘 여기에 여러 가지 생각을 가지고 오시지 않았을까……"

"왠지 모르게, 조금은 가슴이 먹먹해지네요. 저도 이렇게······여러 분과 함께 무대를 만들 수 있다는 것이 행복하다는 것을······(다시 한번 목소리가 잠기고, 관객들의 박수가 울려 퍼진다)"

GAKU-MC는 방송 활동도 많이 하고 경험이 많은 베테랑 래퍼입 니다. 그런 그의 무대 위 눈물과 모두가 공감하고 있던 코로나로 인한 우울한 감정을 건드리는 토크에 관객들도, 스태프들도 모두 가슴이 뭉클했습니다.

조금이나마 코로나로 인해 억눌린 모두의 마음을 풀어줄 수 있었 을지도 모른다는 생각이 들면서 힘들었지만 정말 이 행사를 개최 할 수 있어서 다행이라는 성취감을 얻을 수 있었습니다.

이 장의 서두에서 소개한 ISEKI의 코멘트와 함께, 지금까지 일하 면서 한 번도 흘린 적이 없는 눈물이 멈추지 않는 가슴 뭉클한 이 벤트가 되었습니다.

응원단과
파트너

한 명이라도 더 많은 사람들에게 하쿠바를 알리고 싶다.

그것만을 생각한 아마추어 집단에 의한 기획이었지만, 아티스트도 관객도 만족할 수 있는 행사를 만들 수 있었습니다.

이것은 모두 신타로와 ISEKI를 비롯한 많은 '응원단'이 함께 해준 덕분입니다.

이 밖에도 다양한 활동에서 '응원단'의 힘으로 앞으로 나아갈 수 있었다고 느끼는 장면은 많습니다.

여기서 말하는 '응원단'과 CHAPTER 5에서 언급한 '파트너'는 '외부의 힘'을 활용하여 지역의 활성화를 추진한다는 점에서 비슷한 요소를 가지고 있습니다. 파트너가 사실상 응원단이 되어주는 경우도 많습니다.

다만, 일차원적으로 '파트너'는 계약을 맺고 서로 경제적 이득이 있는 상태에서 하쿠바를 잘 되게 하려고 노력하는 사람입니다.

반면, '응원단'은 별다른 경제적 대가는 없지만, 그저 하쿠바나 하쿠바에 있는 사람들을 좋아해주고, 팬으로서 응원해주는 사람들이라는 차이가 있습니다.

예를 들어, 신타로와의 만남의 계기가 된 도쿄TV의 방송은 '자칭 하쿠바의 도쿄 영업본부'로 활동하고 있는 홍보대행사 스큐의 멤버들 덕분이었습니다.

스큐는 우리와 홍보대행사 계약을 맺었기 때문에 순수한 '응원단'은 아닐지도 모릅니다. 그러나 가난한 회사인 우리로서는 실제 활동량에 비해 상당히 적은 금액으로 활동을 부탁하고 있는 상태입니다.

그럼에도 불구하고 미디어나 그들의 클라이언트에게 하쿠바를 홍보하고 함께 놀러와 주시기도 합니다. 하쿠바와 저희 팀을 좋아해 주시기 때문입니다.

방송에 출연한 것도 스큐의 멤버 중 한 사람이 TV도쿄의 프로듀서에게 몇 번이고 "하쿠바에 놀러 가자", "재미있는 일을 하는 사람들이 있으니 소개시켜 주겠다"라고 계속 말해서 하쿠바에 온 것이 계기가 되었습니다.

또한, 어렸을 때부터 응원단이었던 신타로가 새로운 응원단인 ISEKI를 불러왔듯이, 응원단이 다음 응원단을 불러주기도 합니다.
앞서 소개한 스큐에는 원래 요식업계에서 오래 종사했던 분에 계셔서 요식업계에 넓은 네트워크를 가지고 계십니다. 2021년 가을 개업한 '하쿠바 히토토키노모리'에 새로 입점한 CHAVATY도 그 인연으로 소개를 받을 수 있었습니다.
그러자 이번에는 CHAVATY의 히라카와 마사키 사장이 하쿠바의 팬이 되어, 반복적으로 하쿠바에 놀러 오거나 손님을 데려오기도 합니다.
이렇게 점점 네트워크가 넓어지는 것은 손익을 떠나서 매우 즐거운 전개입니다.

가까운 사람을
응원단으로

외부에서 찾아오는 응원단 못지않게 우리가 소중하게 생각하는 '응원단'이 있습니다. 그것은 바로 **'현지인'이 응원단이 되어 주는 것**입니다.

거듭 말씀드리지만, 우리는 가난한 회사라 대대적인 광고나 홍보를 할 수 없습니다. 하지만, 하쿠바에는 숙소, 레스토랑, 교통사업자 등 많은 관광사업자가 있어 각각의 고객에게 강력한 홍보 채널을 가지고 있습니다.

이런 분들이 하쿠바 이와타케에 대해 잘 알리고, 소개할 수 있는 기회를 적극적으로 만들어 주시는 것은 매우 중요한 일입니다.

이를 위해 보통 2만 원 전후의 곤돌라 왕복 티켓을 지역민들에게는 5,000원에 제공하거나, 고등학생 이하 학생들에게는 무료로 제공하고 있습니다. 이것으로 지역민들은 근처 공원에 가는 기분으로 곤돌라를 이용해 산을 오를 수 있게 되었습니다.

또한, 방문객이 많이 몰릴 것으로 예상되는 주말이 아닌 평일 저녁에도 행사를 개최하기도 합니다. 방문객이 많은 주말에는 지역민들도 바빠서 좀처럼 놀러 갈 수 없다는 목소리에 부응하기 위해서입니다.

게다가 스키를 타는 사람의 저변을 현지에서 넓히는 것도 중요하다는 생각에 2021년 겨울부터는 하쿠바무라 내의 학교에 다니는 학생들은 스키장 이용도 무료로 할 수 있도록 하였습니다.

도쿄에 사는 사람들이 도쿄타워에 자주 오르지 않는 것처럼, 정상적인 요금으로는 지역 주민들이 가까운 관광지에 자주 갈 동기가 생기지 않습니다.

어차피 많이 오지 않는 사람이라면 가격을 크게 낮춰도 손해를 볼 것이 없습니다. 반대로 응원단이 되어 숙소를 찾은 손님에게 "이와타케가 좋아요"라고 한마디만 해준다면, 우리 입장에서는 이보다 좋을 수는 없습니다.

이 외에도 CHAPTER 4에서 언급했던 상점가 활성화 프로젝트에서는 처음 리노베이션을 맡겨주신 숙소의 전 주인이 우리를 응원해주시고, 다음 숙소의 리노베이션을 지원해주셨습니다("맡겼더니 잘 되었어"라는 한마디).

그리고 프로젝트를 진행할 때 자주 상담했던 지역 유지들도 "사토루와 켄지, 와다가 있으니 응원해 주겠다"라며 다양한 지원을 아끼지 않고 계십니다.

당연한 일이지만 **지역 주민들은 우리의 활동을 가까이서 지켜보고 있습니다.** 정말로 믿을 수 있는지, 맡겨도 괜찮을지…….

어디까지 평가를 받고 있는지, 저희들로서는 잘 모르겠습니다. 하지만 조금씩 인정해 주시는 장면도 나오고 있지 않나 생각합니다. 어떤 하나의 사건을 계기로 주변 사람들이 단번에 신뢰를 갖게 되는 드라마 같은 전개는 아마 불가능할 것 같습니다. 할 수 있는 것부터 차근차근 시작하여 일정 확률로 작아도 좋으니 조금씩 성공을 거두는 것. 그런 **'작은 성공 경험'을 쌓아 신뢰를 얻는 것이 무엇보다 중요**하다고 생각하며, 하루하루를 노력하고 있습니다.

이 땅과 팀의 매력으로
더 많은 응원단을

일일이 열거하기는 어렵지만, 그 외에도 많은 '응원단'을 만나면서 여러 가지 노력이 앞으로 나아가고 있다고 느낍니다.

이 책에서 지금까지 소개한 파트너 중 많은 분들이 개인적으로는 응원단이 되어 곳곳에서 하쿠바를 홍보해주시고, 좋은 사람을 소개해 주시고 계십니다.

많은 분들이 '응원단'이 되어주시는 것은 결코 제 개인의 노력 때문은 아닙니다.

하쿠바, 이와타케라는 땅이 가진 매력과 그곳에서 살고 일하는 팀원들의 매력 그리고 하쿠바라는 땅을 사랑하는 '에너지' 같은 것을 느껴준 사람들이 결과적으로 응원단이 되어주시는 것 같습니다.

다양한 강점과 약점을 가진 팀이지만, 팀원 모두가 높은 열정을 가지고 '지금까지 일본 어디에도 없었던 리조트를 만들겠다'라는 공통의 목표를 가지고 있기 때문에 모두가 매력을 느끼는 것 같습니다.

이러한 '응원단'의 존재는 CHAPTER 1에서 쓴 것처럼 그대로 '숨겨진 자산'이 될 수도 있습니다. 또한, 이번에 설명한 것처럼 '숨겨진 자산'을 빛낼 때 큰 힘이 되어주기도 합니다.

여러분도 꼭 주변에 그런 응원단이 있는지 확인해보시기 바랍니다. 그들과 함께 힘들지만 즐겁게 새로운 도전을 할 때, 새로운 기회가 보이는 것입니다.

지금까지 '숨겨진 자산'을 찾는 방법(내부와 외부의 시선을 융합하여), 찾는 장소(점이 아닌 면 전체를 대상으로), 찾은 것을 어떻게 빛낼 것인지(파트너나 응원단과 함께)에 대해 설명해 드렸습니다. 다음에는 어떻게 하면 숨겨진 자산을 효율적이며 지속적으로 빛낼 수 있는지 제 나름대로의 생각을 소개하겠습니다.

6

· 별다른 경제적 대가 없이 협력해주는 '응원단'을 소중히 여긴다.

· '응원단'은 단기간에 만들 수 있는 것이 아니다. 자산, 사람, 팀의 복합적인 매력이 서서히 '응원단'을 늘려간다.

· 지역 주민들을 '응원단'으로 만드는 노력은 큰 효과를 기대할 수 있다.

· 이 경우, '작은 성공의 경험'을 조금씩 쌓아가는 것이 중요하다. 하루아침에 '응원단'이 될 수는 없다.

· '응원단'은 '숨겨진 자산' 그 자체이며, '숨겨진 자산'을 빛내는 데도 도움이 된다.

가슴을 당당하게 펴자!
정당한 대가를 받는 것에
부끄러워하지 말라

숨겨진 자산을 살리는 가격 전략

국내 스키장에서 유일한 VIP 서비스인 'HAKUBA S-CLASS'로
이용할 수 있는 라운지. 일반 리프트권의 약 2배의 가격이지만
"이 서비스 없이는 하쿠바 이와타케를 생각할 수 없다"라는 팬들도 생겼다.

산남자
켄지 씨

Too Hoo SWING

....

좋아,
아무도
없군

의외로
감성파

"뭐, 돈을 받는다고요?"

"1만 원이요? 너무 비싸잖아요. 물론 일반 그네보다 두 배 가까운 크기와 압도적인 절경을 눈앞에 두고 있다는 특징이 있지만, 그래도 그네잖아요. 공원에서 그네를 타는 데 돈을 내는 사람은 없잖아요?"

코로나가 서서히 우리 관광업계의 발목을 잡기 시작한 2020년 겨울의 어느 날.

다음 여름을 위한 계획을 이야기하던 중, 켄지와 사토루 모두가 한목소리로 난색을 표합니다. 더 이상 사용하지 않는 리프트 종점의 플랫폼을 절경 그네 '유-후! 스윙'으로 바꾸자는 아이디어에 대해,

"만약 우리가 한다면, 직원들을 붙여 서비스를 제공하고 제대로 돈을 받는 형태로 운영하고 싶어요. 1회에 1만 원 정도는 어떨까요?"

라고 제가 제안했지만, 사내에서 격렬한 반대에 부딪혔습니다.

대성황을 이룬
유-후! 스윙

그럼에도 이것은 양보할 수 없다며, 제가 유료화와 유인 서비스 제공을 주장하고 결국 약 2분 동안 5천 원의 요금을 받기로 했습니다.

금액적으로는 절반의 타협을 했지만,

"제대로 된 콘텐츠를 정비하고 그 대가를 제대로 받는 것, 그 돈을 바탕으로 다음 시설을 개발하지 않으면 스키장의 미래는 없다"

라는 저의 신념에 따라 조금 무리하여 통과시킨 사안입니다.

최종적으로 '유-후! 스윙'에는 직원을 1명 이상 상주시키고, 만일의 경우를 대비해 방문객에게 안전장치를 착용하도록 했습니다.

절경 속으로 뛰어드는 '유-후! 스윙'

대기 줄이 끊이지 않는 인기 장소가 되고 있다

플레이 타임은 약 2분. 이것은 〈알프스 소녀 하이디〉의 주제가를 편곡한 결과입니다. 이 음악이 흘러나오는 동안 그네를 즐길 수 있다는 장치를 넣은 것입니다.

이것은 켄지의 아이디어였습니다. 북알프스 하쿠바에서 〈알프스 소녀 하이디〉의 배경음악이라는 어쩌면 뻔한 아이디어였지만, 이런 엉뚱한 분위기도 레저시설에는 어울릴 것 같다는 생각에 결정했습니다. 저작권협회에 제대로 신청하여 음악의 사용 허가도 받았습니다.

그렇게 2020년 7월, 코로나 사태가 한창일 때 '유-후! 스윙'이 시작되었습니다.

절경 속으로 뛰어들어가는 그네라는 상상력을 자극하기 쉬운 콘텐츠, 하이디의 음악을 틀어주는 것으로 생겨난 알기 쉽고 엉뚱한 테마 설정. 이 모든 것들이 주효하여 미디어와 SNS 모두에서 다뤄질 수 있는 상황이 만들어졌습니다.

실제로 마을 게스트하우스에 장기 체류 중이던 한 노마드 워커는 "아직 공사 중이지만, 하쿠바 이와타케 정상에 오픈 예정인 그네가 너무 멋지지 않나요?"라는 글을 트위터에 올리고 많은 리트윗을

받으면서, 이를 계기로 전국의 주요 방송국에서 취재를 하러 왔습니다.

더 많은 방문객들이 실제로 그네를 타고 있는 동영상을 SNS에 올려주면서 순식간에 퍼져나가게 됩니다.

덕분에 추석 연휴나 9~10월의 연휴가 되면, 아침부터 방문객들이 몰려 최대 5시간 가까운 대기 시간이 생길 정도가 되었습니다(물론, 대기표를 나눠드려서 그 자리에서 기다리지 않고, 이와타케의 산속에서 여유롭게 시간을 보내도록 하고 있습니다).

이 같은 성황에 '그냥 그네일뿐'이라고 생각했던 우리들도 깜짝 놀랄 정도였습니다.

정당한 대가를 받고
다음으로 연결한다

2021년에는 1년 동안 총 3만 명에 가까운 분들이 '유-후! 스윙'을 이용했습니다. 1인당 5천 원이니, 그네만으로 매출은 1억 원이 넘습니다.

이렇게 얻은 자금으로 마운틴 카트를 구입하고, 하쿠바 히토토키모리를 조성하는 등 방문객들이 즐길 수 있는 '다음 콘텐츠'를 정비할 수 있었습니다.

많은 지방의 관광시설이 매력적인 콘텐츠를 무료로 개방하는 것을 볼 수 있습니다. 방문객들에게 조금이나마 즐거움을 주려는 서비스 정신이겠지만, 이렇게 해서는 오래가지 못한다는 것이 제 생각입니다.

그래서 일시적으로 방문객의 수가 늘어난다고 해도, 그 효과는 언젠가 반드시 사라지게 됩니다. 그러면 유지보수 비용도 충분히 마련할 수 없게 되고, 결국 시설은 한구석에서 녹슬어 갑니다……이런 광경은 자주 볼 수 있습니다.

이렇게 해서는 활성화를 기대할 수는 없습니다. **제대로 가치를 가지고 있는 것을 만들고, 그에 정당한 대가를 확실하게 받는다.** 그것은 부끄러운 일이 아닙니다. '비즈니스'에서는 당연한 일입니다.

그렇게 **받은 대가를 다음으로 이어지는 투자로 연결시켜 나가면서 점점 더 매력을 키워나가는 것.** 그런 발상이 반드시 필요한 것입니다.

영원한
라이벌!

CHAPTER 1에서 우리는 하쿠바 이와타케의 비즈니스를 '리조트'라고 정의했습니다.

그 정의에 따라, 저는 '도쿄 디즈니랜드'를 우리의 강력한 '라이벌'이라고 생각합니다(물론 상대방은 우리를 라이벌로 생각하지 않습니다……아니, 알지도 못하겠지만).

디즈니랜드가 왜 많은 방문객, 그것도 많은 재방문객으로 넘쳐나는 걸까요? 물론, 여러 가지 이유가 있겠지만, 제가 가장 큰 요인으로 생각하는 것은

'매년 새로운 시설과 시즌별 이벤트를 꾸준히 개최하여 **방문객을 안정적으로 유치하면서 점진적으로 요금을 인상하고, 거기서 얻은 자금**

으로 새로운 시설이나 이벤트에 투자하여 방문객이 지루하지 않게(다시 방문하고 싶게) 만드는 구조'

이러한 선순환 구조가 잘 돌아가고 있기 때문입니다.

많은 분들이 알고 계시겠지만, 1983년 개장 당시 디즈니랜드의 1일 이용권의 요금은 3만 9,000원이었습니다. 당시 웬만한 스키장의 1일 리프트권보다 저렴했습니다.

그 후, 몇 년 간격으로 수천 원 단위로 가격을 올려, 최근 가장 비쌀 때는 9만 4,000원에 달합니다. 거의 30년 가까이 동결된 리프트권의 두 배에 달하는 가격입니다.

그럼 방문객이 줄었을까요? 그렇지 않습니다. 오히려 개업 첫해 1,000만 명이었던 방문객은 코로나 이전에는 3,000만 명에 육박했습니다.

물론 2001년 바다를 주제로 한 '디즈니씨'를 추가로 오픈하는 등 수용 능력이 크게 증가했기 때문에 단순 비교는 의미가 없을 것입니다.

하지만, 역시 **'가격을 올려도 그만큼 콘텐츠를 충실하게 만들면 방문객도 늘릴 수 있다'**라는 사실을 가장 쉽게 알 수 있는 사례라고 생각합니다.

이는 또 다른 대형 테마파크인 유니버셜 스튜디오 재팬(USJ)도 마찬가지입니다. 침체기였던 2009년 5만 8,000원이었던 입장료는 2019년에는 8만 7,000원까지 올랐습니다. 반면, 입장객의 수는 700만 명대에서 1,400만 명대까지 크게 증가했습니다.

해외 스키장
업계

사실 해외 스키장에서는 이런 '선순환 구조'를 실현하고 있는 기업도 적지 않습니다.

대표적인 예가 세계 최대의 스키장 운영사인 미국의 '베일 리조트Vail Resorts Management Company'입니다. 한때 아폴로 매니지먼트라는 투자펀드가 소유하고 있던 시절도 있었지만, 베일 리조트는 경영의 교과서대로 '선순환 구조'를 위한 전략을 실행하고 있습니다.

이 회사의 주력 스키장이라고 할 수 있는 베일 리조트는 2005년 당시 1일 이용권의 가격이 77달러 정도였습니다. 그것이 2022년에는 무려 239달러까지 가격이 올랐습니다. 방문객 수는 2005년에는 150만 명 정도였던 것이 코로나 이전에는 160만 명 정도로 거의 비슷하거나 조금 늘어난 정도입니다.

몇 년 전에 저도 베일 리조트에서 스키를 탄 적이 있습니다. 리프트는 일본 대부분의 스키장에 비해 아주 새것으로 되어 있었습니다. 속도도 빠르고 장거리이기 때문에 스키를 타는 만족도가 매우 높았던 것이 인상적이었습니다. 리프트 시트에는 히터가 내장되어 있어 탑승 중에도 추위를 느낄 수 없는 등 다양한 고안이 되어 있었습니다.

레스토랑과 상점가도 새롭기 때문에 스키를 타는 시간 외에도 즐거운 시간을 보낼 수 있습니다. 또한, 스키장 여기저기에서 무료 쿠키와 따뜻한 레모네이드를 나눠주는 서비스가 제공되고 있었고, 곳곳에서 라이브 무대가 열리는 등 리조트로서 알찬 구성에 놀라움을 금치 못했습니다.

베일 리조트의 경영진과 이야기를 나눴을 때도 **"제대로 투자하고 서비스를 추가하여 고객의 만족도를 높이고, 결과적으로 가격을 인상함으로써 지속적인 비즈니스 모델을 구축할 수 있다"**라고 분명하게 말씀하셨습니다.

국내 스키장의 현실을 생각하면서, 그 차이를 크게 느끼고 일본으로 돌아왔던 기억이 아직도 생생합니다.

반대로
일본 스키장 업계에서는……

이처럼 유사한 레저산업도 해외에서는 '선순환 구조'를 성공적으로 실현하고 있는 사례를 찾아볼 수 있습니다.

반면, 우리가 비즈니스를 하고 있는 국내 스키장 업계에서는 '악순환 구조'의 예만 보이는 것 같습니다. 여기서 말하는 **'악순환 구조'**는 다음과 같습니다.

· 업계 내의 과당경쟁으로 할인 판매의 경쟁이 만연하고, 시장이 확대되지 않는 상황에서 수익성이 떨어진다.

· 많은 스키장에서 충분한 설비투자와 서비스를 제공할 수 없다.

· 방문객에게 흥미진진한 경험을 제공하지 못한다.

· 스키장에서 이탈하는 고객들이 늘어난다.

· 더 많은 할인 판매로 방문객을 유치하려다 보니 수익은 더욱 악화된다.

'숨겨진 자산'을 잘 찾아내고 개발함으로써 단가를 올리려는 노력을 하고 있는 스키장의 수는 솔직히 말씀드려서 그다지 많지 않습니다. 그렇다면 콘텐츠로 차별화를 꾀할 수 없습니다.

결국, 다른 스키장보다 '저렴하게' 방문객을 유치하려는 '저가 경쟁'만이 횡행하고 있는 것이죠.

업계 전반에 퍼진
할인 경쟁

예를 들어, 스키 업계에서는 시즌 전부터 '얼리버드 티켓'을 곳곳에서 판매하는 관행이 완전히 정착되었습니다. 조금이라도 빨리 방문객을 유치하여 현금흐름을 원활하게 하려는 방안입니다. 10~11월에 판매되는 티켓은 정상 가격보다 20~40퍼센트 할인된 가격으로 판매됩니다.

이것은 정말 '다른 곳에서 하니까 우리도 하지 않으면 방문객이 줄어들지도 모른다'라는 두려움에 휩싸여 모두가 하고 있을 뿐입니다. **원래는 정가에 가까운 가격으로 구매했을지도 모르는 고객까지 할인된 가격으로 구매했을 가능성이 높은 매우 유감스러운 방안**이라고 할 수 있습니다.

시즌 중에도 '쿠폰'이라는 이름으로 다양한 가격 인하가 횡행하고 있습니다. 급기야는 각 스키장의 쿠폰을 모아놓은 전단지가 각 스키장의 광고비로 만들어져, 스키용품점이나 고속도로 휴게소 등에서 배포되는 지경에 이르렀습니다.

이런 가운데 방문객들도 '정가로 티켓을 구매하지 않는 것'이 당연시되고 있습니다. 극단적인 예로 스키장에 직접 전화를 걸어 "할인권은 어디서 구할 수 있나요?"라고 묻는 경우도 있고, 당일 매표소에 오셔서 "할인 쿠폰은 없나요?"라고 묻는 경우도 있습니다(매표소에서 할인 쿠폰을 발행하고 있다면, 상단에 표시된 가격표는 의미가 없죠).

국내 스키장 시장이 축소되는 가운데 새로운 스키어를 늘리기 위해 도입된 방안이 오히려 '할인 경쟁'을 부추기는 결과를 낳는 경우도 있습니다.

한 대형 여행 사이트가 중심이 되어 '대학생들이 스키를 탈 수 있는 계기를 만들어 주겠다'라는 취지로 시행된 '○○세까지 리프트권 무료'라는 이벤트가 있었습니다. 방문객과 여행사에게는 이득이 되겠지만, 스키장 입장에서는 이득이 없습니다. 이는 티켓의

파트너십을 맺을 때의 기본적인 사고방식

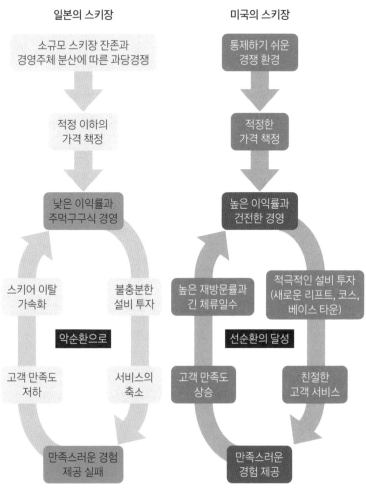

일본의 스키장

소규모 스키장 잔존과
경영주체 분산에 따른 과당경쟁

↓

적정 이하의
가격 책정

↓

낮은 이익률과
주먹구구식 경영

스키어 이탈
가속화

불충분한
설비 투자

악순환으로

고객 만족도
저하

서비스의
축소

만족스러운 경험
제공 실패

미국의 스키장

통제하기 쉬운
경쟁 환경

↓

적정한
가격 책정

↓

높은 이익률과
건전한 경영

높은 재방문률과
긴 체류일수

적극적인 설비 투자
(새로운 리프트, 코스,
베이스 타운)

선순환의 달성

고객 만족도
상승

친절한
고객 서비스

만족스러운
경험 제공

일본에 비해 미국 스키장은 높은 이익률과 재투자가
고객 만족도를 더욱 높이는 선순환 구조에 접어들고 있다.

가치를 스스로 파괴하는 결과를 초래할 수 있고, 수익이 발생하지 않아 다음 투자로 이어지지 않습니다.

일부 스키장에서 시행하고 있는 '어린이 리프트권 무료'도 마찬가지입니다. 이웃 스키장에서 방문객을 빼앗아오는 것에는 도움이 되겠지만, 업계의 이익 총량(Profit Pool)은 감소시키는 결과를 낳기 때문입니다. 결국, 줄어든 이익으로 시설 투자를 하지 못하는 업계 전체의 시설은 노후화가 진행될 뿐입니다.

코로나 사태로 더욱 가속화되는
할인 경쟁

코로나 사태를 계기로 이러한 할인 경쟁은 점점 가속화되고 있습니다.

한 지역의 스키장이 지자체의 보조금을 받아 '이번 시즌 리프트권 50% 할인 캠페인'을 시작하자, 많은 스키어들이 그 지역 스키장으로 몰렸습니다. 방문객을 빼앗긴 이웃 지역의 스키장도 시즌 중간부터 '우리도 50% 할인'이라며 캠페인을 시작했고, 더욱 어려워진 다른 지역의 스키장은 '○월 ○일은 지역민 무료 캠페인'을 시작하게 됩니다…….

다음 시즌부터는 나가노현과 니가타현이 경쟁하듯 시즌 초반부터 대대적인 가격 인하를 지원하는 캠페인을 벌이고 있습니다.

이것들은 '특효약'으로써 코로나 사태로 위기에 빠진 업계를 살린다는 의미가 있습니다. **하지만 이것들이 일상화되면 고객이 느끼는 가격의 눈높이는 크게 낮아집니다. 이래서는 리스크밖에 되지 않습니다.** 이런 캠페인이 중단된 후의 상황을 생각하면 스키장 업계는 마냥 기뻐할 수 있는 정책이 아닌 것입니다.

적어도 이러한 '진정제'가 효과를 발휘하는 동안 각 스키장은 다음 단계로 이어지는 투자를 제대로 해야 합니다. 그래야만 고객들에게 더 높은 가치를 제공할 수 있습니다. 결국, 그 노력 없이는 스키장의 부활은 꿈도 꾸지 못하는 것입니다.

인구감소 사회에서
재생산 가능한 산업구조 만들기

앞으로 인구감소 사회에 접어들면서 특히 스키, 스노우보드를 즐기는 젊은 세대의 인구는 급속히 줄어들게 됩니다. 따라서 스키장 입장에서는 향후 국내 시장이 어느 정도 축소되는 것은 안타깝지만 피할 수 없는 일이라고 생각합니다.

이런 상황에서 '할인 경쟁'만을 반복한다면, 이 업계는 어떻게 될까요?

점점 낡아가는 시설들을 보유하고 있는 한편, 매년 현금흐름은 점점 안 좋아집니다. 돈이 없으면 시설을 보수할 수 없습니다. 리프트가 낡아서 움직이지 않게 되면, 그것은 스키장의 최후입니다. 스키장이 폐쇄되면 숙박시설이나 식당, 렌탈샵 등 인근에서 장사

하던 사람들도 폐업을 할 수밖에 없게 되고, 그 결과 지역사회는 붕괴되는 것입니다.

생각하기도 싫은 미래지만, 지금처럼 할인 경쟁으로 주변 스키장에서 방문객을 빼앗아온다는 발상만 한다면 이러한 결말이 현실이 될 것 같습니다.

그럼 어떻게 해야 할까요?

다시 한번 말씀드리지만, 이러한 환경에서 살아남기 위해서는 가격을 올리는 수밖에 없습니다. 그러기 위해서는 **자신들이 보유한 '숨겨진 자산'을 찾아내어 콘텐츠로 다듬고 고객이 기꺼이 '비용을 지불해도 괜찮다'고 생각하는 가격까지 가격을 올려야 합니다.**

이렇게 함으로써 노후화된 시설을 리뉴얼하고, 더욱 매력적인 콘텐츠를 새롭게 개발하는 '재생산'이 가능한 스키장 산업으로 만들지 않으면 업계 전체가 '멸종위기종'이 될 수 있습니다.

국내 스키장 유일 VIP 서비스
HAKUBA S-CLASS 탄생

고객 전체에 대한 가격 인상이 어렵다면, 고객을 세분화하여 생각할 필요가 있습니다. 특정 니즈를 가진 고객에게 서비스나 상품을 다르게 설계하고, 그만큼 더 높은 가격을 받는 것입니다.

이러한 발상을 바탕으로 하쿠바 이와타케에서는 2019년 국내 스키장으로는 유일하게 퍼스트 클래스 프로그램인 'HAKUBA S-CLASS *VIP LOUNGE & PRIORITY PASS*'를 출시했습니다. 이것은 여러 라운지 이용과 곤돌라 리프트 우선 탑승, 지정 주차장 이용 등 다양한 럭셔리 서비스를 패키지로 묶은 프로그램입니다. 이 프로그램에서는 다음과 같은 서비스를 제공하는 대신, 일반 리프트권의 약 2배의 요금을 받는 형태로 운영되고 있습니다.

· 정상 레스토랑 2층에 위치한 '피크 라운지' 이용
· 슬로프 중턱에 위치한 '메인 라운지' 이용
· 최대 30분 정도 소요되는 곤돌라 및 리프트 대기를 피할 수 있는 우선 탑승 서비스
· 산아래 곤돌라 승강장 바로 옆의 전용 주차장 이용
· 산아래 베이스 스테이션의 보관소 서비스 이용
· 일반 영업 전 이른 아침에 아무도 이용하지 않은 첫 슬로프를 독차지할 수 있는 '퍼스트 트랙' 서비스
· 스키를 탄 후 피곤한 몸을 치유할 수 있는 인근 온천 이용권

아직 서비스가 널리 알려지지 않았지만, 한번 이용하신 방문객들은 "이 서비스가 없는 하쿠바 이와타케를 생각할 수 없다" 라고 극찬을 해주는 경우도 많아졌습니다.

실제로 이용자 수도 해마다 증가하고 있습니다. 첫해 600명이었던 이용자가 다음 시즌에는 900명, 가장 최근인 2021~22 시즌에는 1,400명이 이용하고 있어, 객단가 상승에 기여하고 있습니다.

'HAKUBA S-CLASS'에서 이용할 수 있는 라운지

이러한 고객 세분화를 통해 단가를 올리는 방안은 S-CLASS와 같이 '다른 서비스를 도입하는 것'에 국한되지 않습니다.

현재 발행되고 있는 할인권 구성을 재검토하여 **'정말 할인이 아니면 오지 않았을 사람들에게만 필요한 금액만큼의 할인을 받도록 하는 것'**도 포함됩니다. 불필요하게 발급되었던 할인권을 폐지하거나 과도한 할인을 재검토하여 단가를 상향시키는 것입니다.

그러기 위해서는 그동안 관행적으로 계속해왔던 쿠폰 등의 할인이 정말 필요한 할인인지, 비용 대비 효과를 제대로 따져봐야 합니다. 이 역시 전체 가격 인상(정가 인상)보다 고객들의 부정적인 반응을 제한하기 때문에 비교적 쉽게 도입할 수 있는 가격 전략이라고 할 수 있습니다.

단가 인상을 위한 노력은
계속된다

이러한 노력의 결과, 최근 하쿠바 이와타케는 방문객 내방단가 향상에 어느 정도 성공했습니다.

그린 시즌에는 '유-후! 스윙'을 비롯한 각종 액티비티 수입이 증가했고, 곤돌라 왕복 요금 개편 등을 진행했습니다. 겨울 시즌에는 극단적인 할인권 폐지와 식음료 시설의 강화, S-CLASS 도입 등이 주요한 노력입니다.

여기서 '내방단가'란 슬로프(로프웨이나 곤돌라 리프트의 총칭)와 식음료, 상품 판매 등을 포함한 리조트 전체 매출을 방문객 수로 나눈 값입니다. 이 수치가 2018년부터 4년간 그린 시즌에는

2만 8,000원에서 3만 5,000원으로, 겨울 시즌에는 3만 3,000원에서 3만 6,000원으로 개선되고 있습니다.

이렇게 얻은 추가 수입으로 새로운 매력을 가진 시설이나 이벤트에 재투자하고 있습니다. 이것이 또다시 추가적인 수입(객단가 상승)과 재방문객 확보로 이어지고 있습니다.

아직은 유럽이나 미국의 스키장에 비해 미흡한 수준이지만, 긍정적인 피드백이 확실히 돌기 시작했다고 자부하고 있습니다.

'할인 경쟁'과 어떻게 결별할 것인가? 이것은 비단 **스키장만의 문제는 아닐 것입니다.**

버블 붕괴 이후, 국내 시장은 항상 디플레이션 기조에 있었습니다. 그러다 보니 숙박, 식음료, 상품 판매 등 관광산업 전반이(어쩌면 그 외의 일반 산업도 전반적으로) 가치를 올리고 가격을 올리는 것을 당연하게 여기지 않게 되었습니다.

미디어에서 다루는 방식도 '싼 것만이 정의다'라는 기조에 있습니다. 가격 인상 자체는 뉴스가 되고 "그러면 곤란하다"라는 인터뷰만을 클로즈업해서 방송하는 식입니다.

버블 이후 투자 억제의 결과, 다양한 자산이 노후화되고 있습니다. 이런 상황에서 공급 측면뿐만 아니라 수요 측면과 미디어 등에서도 발상의 전환이 필요하다고 생각하는 사람은 저뿐만이 아닐 것입니다.

지금까지 CHAPTER 7에서는 '숨겨진 자산'을 지속적으로 가꾸어 나가기 위해 필요한 사고방식을 설명했습니다.

탄탄한 콘텐츠를 만들고, 부끄럽지 않게 정당한 대가를 받는다. 그렇게 해서 개선된 수익으로 다음 투자에 나선다. 그렇게 함으로써, 지금까지 할인 경쟁에 시달려온 상황에서 벗어나 지속적인 비즈니스 모델을 구축해야 합니다.

CHAPTER 8에서는 지속적인 비즈니스를 구축하기 위해 필수적인 또 하나의 요소에 대해 설명하고자 합니다.

---------- CHAPTER ----------

7

· '공짜 서비스'는 절대 오래가지 않는다.

· '할인 경쟁'에서 하루라도 빠르게 벗어난다.

· 매력적인 콘텐츠를 만들고 당당하게 '적정 가격'을 받는다.

· 그렇게 해서 얻은 자금으로 끊임없이 '새로운 매력과 콘텐츠'를
  개발한다.

· 새로운 매력과 콘텐츠를 중심으로 단가를 더욱 올리고, 이익을
  얻어 다음 매력과 콘텐츠를 개발하는 '선순환 구조'를 확립한
  다.

잠깐만!
공격할 때일수록 비용
관리가 중요하다

숨겨진 자산을 빛내는 비용 관리

절경을 바라보며 식사를 즐길 수 있는 '하쿠바 델리'의 인기 메뉴.
레스토랑에서는 '요리의 질을 떨어뜨리지 않는 비용 절감책'으로
이익률을 극적으로 향상시켰다.

"어제 눈 예보도 빗나갔어요. 위험해요.
이대로라면 설날까지 코스를 못 열지도 몰라요"

2019년 12월 크리스마스 아침, 코지가 큰 한숨을 쉬며 보고하러 옵니다.
예년 같으면 연말연시부터 성년의 날까지 해당 시즌 방문객의 20퍼센트 내외가 방문하는 매우 중요한 시기입니다.
하지만 올해는 크리스마스 한파도 기대에 어긋나, 12월 30일이 되어서야 겨우 정상부의 짧은 코스 2개만을 오픈할 수 있었습니다. 물론 방문객도 거의 오지 않았습니다.

결국, 이번 시즌은 겨울형 기압 배치가 지속되지 않아 전국적으로 따뜻한 겨울, 눈이 적게 내리는 추세가 이어졌습니다. 1961년 기상 관측이 시작된 이후 가장 따뜻하고 눈이 적은 겨울이라는 기록을 세우고 맙니다.
하쿠바 지역에서도 해발고도가 낮고 북알프스에서 조금 떨어진 곳에 위치한 하쿠바 이와타케는 원래부터 인근 스키장에 비해 눈이 적은 편입니다. 기록적으로 따뜻한 겨울이었던 이번 겨울에는 시즌 내내 산아래의 리프트가 한 대도 운행되지 못할 정도로 어려운 상황이었습니다. 방문객 수도 전년의 절반 가까이 감소했습니다.

2019년 그린 시즌에는 '하쿠바 마운틴 하버'가 개장한 이후 처음으로 봄부터 가을까지 영업을 할 수 있었고, 전년 대비 두 배 이상의 방문객이 찾아왔습니다. '이대로라면 겨울도 괜찮을 것 같다'라고 자신만만해 하던 찰나, 한 방에 무너지는 시즌이 찾아왔습니다.

기록적인
대규모 적자

강한 역풍은 계속되었습니다. 2020년 3월에는 신종 코로나가 국내에서 급속도로 확산될 조짐을 보였고, 다음 그린 시즌이 시작되는 황금연휴를 앞두고는 긴급사태 선언이 발령되어 영업 개시를 미룰 수밖에 없었습니다.

저희 회사는 7월이 결산월입니다. 결국, 7월 말까지 제대로 방문객을 맞이할 수 없는 상황이 이어졌습니다. 기대했던 뮤직 페스티벌도 연기되는 등 어수선한 상황이 계속되고 있었습니다.

그 결과, 2020년 7월 결산 매출은 전년도의 70퍼센트 수준으로 떨어졌고, 지난 10년 동안 가장 큰 적자를 기록하게 됩니다. 2년 연속

적자가 지속되면 스키장으로서의 존립도 위태로운 상황이 됩니다.

코로나 상황도 전혀 호전될 기미가 보이지 않는 가운데, 비상상황이라는 판단에 '같은 방문객 수로도 흑자를 낼 수 있는 체질'로의 개선을 추진하게 되었습니다.

그 검토를 통해 분명하게 알게 된 것이 있습니다

"대규모 적자를 낸 것은 적은 눈과 코로나로 인한 매출 급감만이 원인이 아니다. 매출 증가가 보이는 가운데 이익이 제대로 발생하지 않았다"

라는 것이었습니다.

매출 증가에
높은 비용이 숨겨졌다

1년 전인 2019년 7월 결산은 하쿠바 마운틴 하버의 개장 등으로 인해 그린 시즌의 방문객도 크게 증가했고, 겨울에도 해외 관광객이 꾸준했습니다. 전년도에 비해 매출은 30퍼센트 정도 증가했지만, 이익은 전년도에 비해 거의 늘어나지 않은 결과로 끝났습니다.

이유는 비용 관리의 허술함에 있었습니다.
많은 방문객에 익숙하지 않았기 때문에, 고객 만족도를 떨어뜨리지 않으려고 각 부서의 인원을 두텁게 배치했었습니다. 또한, 익숙하지 않은 그린 시즌 이벤트를 많이 진행했던 것도 비용 상승으로 이어졌습니다. 게다가 매출이 급증한 레스토랑 부문에서도 원가율 관리와 손실 관리가 제대로 이루어지지 않았습니다.

요점은 '매출과 함께 비용도 함께 증가하는' 체질이 되어 있었던 것입니다.

관광산업, 특히 스키장 산업은 기본적으로 '장치 산업'입니다. 전체 비용에서 차지하는 고정비 비중이 큰 반면, 매출이 손익분기점을 넘어서면 초과분 대부분이 이익에 기여한다는 특징이 있습니다.

이런 가운데 시장 축소로 인해 해마다 감소하던 매출이 그린 시즌의 노력으로 개선되었습니다. 그러면 그린 시즌의 매출 증가에 초점을 맞추게 됩니다. 매출은 점점 증가했지만 비용 관리에 대한 인식이 충분하지 못한 상황이었습니다.

결과적으로 '고객 만족을 위해'라는 명목하에 고객 만족이나 고객 유치로 이어지지 않는 항목의 비용까지 증가하게 되었습니다.

비용의 증가로 원래는 이익이 되었어야 할 매출도 적자가 되어버렸고, 거기에 따뜻한 겨울과 코로나로 매출까지 감소하면서 한순간에 대규모 적자를 기록하게 되는 상황을 맞이하게 됩니다.

CHAPTER 7에서 썼듯이, 단가를 제대로 올리고 매출을 개선해 나가면서 '다음 단계로 이어지는 투자'를 하는 것이 중요합니다. 그러나 이렇게 '매출은 증가했더라도, 이익이 증가하지 않는' 상태에서는 아무것도 달라지지 않습니다.

공격을 할 때일수록 방심하기 쉽기 때문에 **비용 관리를 철저히 하고,** **다음으로 이어지는 투자를 실현해 나가는 것이 중요합니다.**

비상상황으로
예산 수립

배수진으로 임하게 된 2021년 7월 예산 수립(2020년 봄에 실시).
마침 그 시기에 다른 스키장의 사장이었던 호시노 유지가 관리부
문 담당 이사로 하쿠바 이와타케 리조트에 부임했습니다.

호시노와 저는 2인 3각으로 '매출이 전년도와 비슷하더라도 이익
이 남는 예산'에 대한 검토를 시작합니다. 켄지를 비롯한 현장 팀과
의견교환을 하면서 실행 가능한 것으로 만들어 나갑니다.

호시노의 사내 별명은 '비용 관리의 귀신', '움직이는 재무장관'입
니다. 그 별칭에 걸맞게 철저한 예산 관리를 하고 있습니다.

예산의 방침은 **"우리가 할 수 있는 것은 다 한다"**입니다. 어쨌든 철저

하게 비용 구조를 재검토하는 것입니다. 그 엄격한 예산이 확실하게 집행되면, 더 개선될 수 있는 체제와 구조를 갖추는 것이 가능할 것입니다.

"우리가 할 수 있는 것은 다 한다"의 사례 중 하나가 '움직이는 재무장관'이 내세운 주차장 관리 비용 절감입니다.

'방문객에게 부정적인 영향을 주지 않으면서 비용을 낮추는 방안'이 좀처럼 떠오르지 않아 고민하고 있을 때, 호시노가

"주차장 관리에 연간 5,000만 원 정도를 쓰고 있는데, 우리가 직접 하면 공짜로 할 수 있지 않겠어?"

"어차피 주말에는 사무직은 한가하고, 어떻게든 될 것 같은데요"

라며 금단의 코멘트를 날렸습니다. 재무장관 스스로가 하겠다고 나선 이상 거절할 수도 없습니다.

결국, 주말과 공휴일 업무가 적어지는 우리 사무실 직원들이 필요한 시기에 주차장 관리를 하기로 했습니다. 처음 제안한 호시노와 저는 거의 주말마다 주차장 관리를 하게 되었습니다.

할 수 있는 것은 다하는
비용 관리 방안

주차장 이야기 외에도 다음과 같이 '할 수 있는 것은 무엇이든' 했습니다. 힘이 들어갈 정도로 비용 개선의 사례가 상당히 많이 쌓였다고 할 수 있습니다.

2020년 여름 이후 도입한 주요 비용 개선 방안

【매입 원가의 재검토】
· 매장에 따라서는 40퍼센트에 육박하던 식재료 원가율에 대해 매장별로 원가율 목표를 설정, 각 매장에서 메뉴 재검토, 판매 단가 재검토, 매입 원가 재검토를 실행한다.

【인건비 비율의 재검토】

· 레스토랑은 매장별로 메뉴 구성을 재검토하면서 운영에 필요한 인원을 축소하고, 성수기와 비수기에 맞춰 유연하게 교대 근무를 편성하는 것을 철저히 한다.

· 매점과 인포메이션, 매표소 등 위치가 가까운 시설은 성수기와 비수기 탄력적인 근무를 위해 멀티시프트(한 사람이 여러 업무를 수행)를 도입한다.

· 리프트의 경우 계절별, 요일별 승차 현황을 측정. 방문객의 사용이 극히 적어 변경해도 고객 만족에 큰 영향이 없다고 판단되는 리프트에 대해서는 영업시간과 영업일을 재검토. 단시간만 운행하는 리프트에는 경영진과 사무실 직원 등이 유연하게 교대 근무를 실시하여 상시 필요한 인원을 감축한다.

【성수기와 비수기에 따라 유연하게 현장 인원을 조정, 비수기 인건비를 매출로 전환하는 시스템 도입】

· PB 상품으로 '하쿠바 델리' 브랜드를 런칭하여 가공식품의 제조·판매를 시작한다. 봄과 가을 휴업 기간(연중 2개월 가량)에 레스토랑 직원이 식품공장에 나가 피클 등을 제조한다.

· 제초작업, 이벤트 텐트 설치 등 다양한 외주 업무의 수주를 시작한다(저 또한 제초기 다루는 법과 스노우피크 텐트 설치하는 법에 대해 능숙해졌습니다).

【외주 비용의 과감한 재검토·내제화】

· 제설 비용을 줄이기 위해 켄지는 매일 아침 일찍 나와서 불도저로 제설 작업을 하고 있다.

· 그밖에도 '힘들지만 하면 할 수 있고, 비용적인 이점이 많은 외주 비용'은 모두 내제화를 목표로 한다.

【적자 매장의 영업 중단과 다른 업종 세입자를 유치하여 매출 개선】

- 눈이 적게 오면 매년 큰 적자를 내던 매장을 폐쇄하고, 그린 시즌에도 활용이 가능한 실내 트램폴린 시설을 유치하여 수익을 그 이상으로 개선한다.

지역 맛집과 협업을 통한
비용 개선

이러한 방안의 구체적인 사례 중 하나로 하쿠바의 유명 맛집인 '미야마 징기스칸'과의 협업을 꼽을 수 있습니다.

미야마 징기스칸은 최고의 양고기를 먹을 수 있는 식당입니다. 그 맛은 도쿄에서 많은 음식점을 운영하고 있는 FONZ의 코야마 사장이나 CHAVATY의 히라카와 사장도 "도쿄에서도 좀처럼 맛볼 수 없는 수준"이라고 극찬할 정도입니다.

켄지와 함께 식사를 하러 갔을 때, 점장과 함께 "우리 메인 레스토랑의 원가율, 인건비율을 어떻게 효율화할 것인가"를 이야기하던 중 나온 아이디어가 결실을 맺은 것입니다.

미야마 징기스칸의 매장

맛과 비용 절감을 모두 잡은 일품 양고기 카레

여기서 나온 아이디어는 미야마 징기스칸에서 어쩔 수 없이 나오는 자투리 재료를 활용하여 카레를 만들어 우리의 메인 레스토랑에 납품하는 것입니다.

그대로는 버릴 수밖에 없는 자투리 재료를 사용함으로써 원가를 합리적인 범위에서 낮출 수 있었습니다. 그러면서도 최고급 원재료를 사용해 일류 요리사가 완성한 제품이기 때문에 매우 맛있는 카레가 완성되었습니다.

또한, 카레라는 메뉴는 운영상 부담이 적은 메뉴입니다. 그 판매량이 늘어남에 따라 우리의 운영 부담을 줄여 인건비 효율을 향상시키는데 크게 기여하고 있습니다.

저는 이러한 아이디어들도 엄격한 예산 책정에서 나온 지혜라고 생각합니다.

점장 제도의
도입

예산상의 비용 개선 방안도 단순히 숫자로만 짜맞추는 것은 의미가 없습니다.

결국, 그 엄격한 예산이 현장에서 확실하게 집행되고, 더 나아가 개선까지 이어질 수 있는 시스템을 구축하는 것이 중요합니다.

그런 의미에서 시기상으로 늦은 감이 있지만, 몇 년 전부터 도입하기 시작한 '점장 제도'가 매우 큰 효과를 발휘했습니다.

식음료 판매에 관해서는 매장별로, 슬로프(리프트와 곤돌라)나 매표소 등에 관해서는 부서별로 연령에 관계없이 '이 사람이다!'라는 사람을 점장·부점장으로 임명했습니다. 매장별로 예산 책정 단계부터 함께 목표를 설정하고, 그 진행 상황을 관리할 수 있는 간단한 엑셀 시트(점장 시트)를 준비했습니다. 이것을 매주 점장과 함께 점검하고 있습니다.

점장 시트에서 정기적으로 점검하는 수치는 전체 방문객 수와 같은 매장별 노력으로는 어쩔 수 없는 것이 아니라, 매장별로 노력 여하에 따라 어떻게든 개선할 수 있는 내용으로 주요 항목을 설정하고 있습니다.

구체적으로 예를 들어, 레스토랑의 매출에 대해서는 다음과 같은 세 가지 지표만 점검하도록 하고 있습니다.

· 입점 단가 = 매장 매출÷총 방문객 수
· 매장 이용률 = 매장 이용자 수(결제 횟수)÷총 방문객 수
· 계산대 단가 = 매장 매출÷점포 이용자 수(결제 횟수)

산술적으로 말하면 '입점 단가=매장 이용률×계산대 단가'의 관계가 됩니다. 따라서, 매출과 관련하여 점장이 가장 신경 써야 하는 지표는 입점 단가가 된다고 할 수 있습니다.

만약에 입점 단가의 수치가 예산이나 전년, 전월 등에 비해 나빠졌

다면, 매장 이용률이 떨어졌거나 계산대 단가가 나빠지고 있다는 것을 금방 알 수 있는 것입니다.

여기까지는 어느 정도 기계적으로 쫓을 수 있도록 되어 있지만, 그 다음부터는 그렇지 않습니다. 특정 지표가 나빠지는 원인을 찾고, 대책을 세우고, 실행하는 부분은 오로지 점장의 역량에 따라 달라집니다.

매장 이용률이 나빠졌다면, 시즌 한정 캠페인을 해본다든지, SNS 노출을 늘려본다든지, 현장에 입간판을 세워본다든지, 세트 할인을 도입하여 저렴하게 만들어본다든지……그 시기 그 시기의 고객 흐름을 현장에서 보면서 효과적이라고 생각되는 방안들을 빠르게 고민하고 실행에 옮기는 것이죠.

또한, 비용 부분도 기본적으로는 '원가율'과 '인건비율'을 잘 관리하는 것에 초점을 맞추고 있습니다. 속칭 FL 비율(Food and Labor)이라고 불리는 것입니다. 이것이 50~60퍼센트 정도에 머물 수 있도록 매일매일 관리를 철저히 해나가는 것입니다.

물론, 수도·전기비나 수선비, 비품비, 감가상각비 등 기타 비용 항목을 관리하는 것도 중요합니다. 하지만 이것들은 주간 단위로 점검하기가 어렵고, 공통 비용이 많기 때문에 매장별로 세분화해서 보는 것은 큰 의미가 없다고 봅니다. 그래서 월별, 부서 전체로 예산이 잘 지켜지고 있는지 확인하고, 문제가 있으면 빠른 시일 내에 대책을 세우도록 하고 있습니다.

이렇게 점장·부점장이 체크해야 할 지표를 단순화하고, 거기에 집중시키기로 했습니다. **목표는 '문제 파악 → 대책 수립 → 실행'의 주기를 단축하는 것입니다.**

현장에서 개선하는
힘을 키우는 것이 중요하다

각 점장들은 매주 월요일이나 화요일 전까지, 지난주 지표들의 동향과 과제를 이메일로 보고합니다. 이때 문제의 배경이라고 생각되는 것과 그에 대한 대책도 함께 적어달라고 합니다.

저와 움직이는 재무장관 호시노, 켄지 등 경영진은 항상 이 '점장 시트'를 점검하고, 숫자가 제대로 처리되고 있는지, 과제에 대한 인식이 올바른지, 과제에 대한 대책이 적절한지, 전주까지 나온 대책이 순조롭게 진행되고 있는지 등을 확인하고 피드백합니다.

정보가 부족하다고 생각되면 현장을 찾아가거나 함께 일하기도 합니다. 그렇게 함으로써 과제를 더 깊게 이해하고, 점장과 함께 다음 대책을 검토할 수 있습니다.

점장 제도를 본격적으로 도입한 지 2년 정도 지났습니다. 현재는 상당히 효과적인 소통이 이루어지고 있음을 실감하고 있습니다.

역시 **현장의 과제는 현장이 가장 세밀하고 정확하게 인식하고 있습니다.** 이러한 인식을 바탕으로 고안된 대책에 대해 경영 측면에서 제대로 된 지원(인적 지원, 재정적 지원, 아이디어 지원 등)을 할 수 있다면, 점장과 부점장도 더 책임감을 가지고 매장 운영에 임할 수 있을 것 같습니다.

실제로 2020년 7월 대규모 적자라는 위기 상황에 빠진 지 2년 만에 FL 비율은 약 20퍼센트포인트 정도 개선되었습니다. 매주 제출되는 점장과 부점장의 과제 인식과 대책의 정확도도 높아지고 있어, 고객의 요구에 보다 빠르게 대응할 수 있게 되었다고 생각합니다.

이러한 노력의 핵심은 **세세한 단위의 관리회계를 철저히 하는 것입니다.** 대기업에서는 당연하게 시행되고 있는 것에 불과합니다

그렇지만 **지방기업이나 중소기업에서는 이 부분에 대한 노력이 제대로 이루어지지 않는 경우도 많은 것 같습니다.**

처음에는 시스템 도입 등 어려운 점도 많고, 지속적으로 지켜보는 경영진의 노력도 필수적입니다. 그러나 그렇기 때문에 일단 도입

하고 나면 경영에 미치는 영향을 매우 큽니다.

직원들의 노력에 대한 보상을 통해
다음 단계로 나아간다

이렇게 맞이한 2021년 7월 결산.

연말연시, 골든위크, 여름휴가 등 우리의 성수기를 겨냥한 듯 코로나가 창궐하고, 그때마다 긴급사태가 선포되는 상황이 계속되었습니다.

이렇게 어려운 환경이었지만, 결과적으로는 전년도를 웃도는 그린 시즌, 겨울 시즌의 방문객 유치에 성공했습니다. 고객들의 '자가격리 피로감'이 쌓였다는 점과 함께 야외에서 즐길 수 있는 안도감이 '유-후! 스윙'과 같은 대책과 잘 맞아떨어져 좋은 반응을 얻을 수 있었던 점을 비롯하여 여러 가지 요인이 복합적으로 작용한 결과라고 생각합니다.

하쿠바 이와타케 마운틴 리조트 매출 및 영업이익

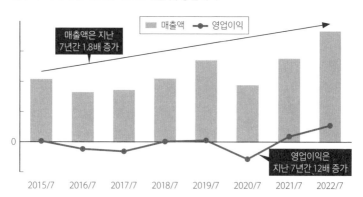

다양한 노력의 결실로 코로나 사태 와중에
역대 최고 수준의 매출과 영업이익 달성

그 결과 매출도 2년 전(2019년 7월)을 조금 웃도는 선까지 회복했습니다. 그리고 그 이상으로 크게 회복한 것은 영업이익이었습니다.

'매출이 회복되지 않아도 흑자'라는 상당히 엄격한 계획을 세웠지만, 이를 뛰어넘는 비용 관리를 각 현장이 철저하게 해주었습니다. 게다가 고객 만족도를 떨어뜨리지 않았기 때문에 수익 개선으로 이어질 수 있었습니다.

하쿠바 이와타케로서는 코로나로 힘든 한 해였음에도 불구하고, 2021년 7월 결산은 무려 버블 붕괴 이후 최고의 영업이익을 달성한 해가 될 수 있었습니다.

이래야만 이익을 다음 단계로 이어질 수 있는 효과적인 투자로 돌릴 수 있습니다. 가장 먼저 필요한 것은 지금까지 설명했던 놀이기구나 이벤트의 기획, 노후화된 시설의 수선 및 리노베이션을 하는 것입니다.

그리고 또 하나 중요한 것은 **직원들의 노력과 성장에 대한 보상을 통해 다음 단계로 이어질 수 있도록 동기부여**를 하는 것입니다.

2021년 7월 결산에는 제가 사장으로 부임한 이후 처음으로 보너스를 제대로 지급할 수 있었습니다. 만성적인 경영난으로 인상폭이

거의 없었던 급여 인상도 전 직원에게 실시했습니다.

주말이 되면 매일 주차장 관리를 하고, 잔디를 정리하고, 리프트를 담당하는 등 유난히 힘들었던 한 해이기도 합니다. 하지만 **보너스를 받고 기뻐하는 직원들의 목소리**가 무엇보다 강하게 기억에 남습니다. 젊은(그래도 입사 20년차인) 직원인 코지가

"스키장 경영이 어려워지는 가운데 지난 10년 넘게 보너스를 받아 본 적이 없었기 때문에 깜짝 놀랐어요. 하지만 그 이상으로 팀원 모두가 열심히 노력해서 결과를 내고 보너스를 받게 되었다는 점이 더욱 기쁩니다"

라고 말했던 것이 생생하게 기억에 남습니다.

잊지 말아야 할 규모의 경제와
경쟁의 원리

우리와 같은 지방의 중소기업이 비용 개선을 제대로 추진하기 위해서는 앞서 설명한 **'올바른 예산 책정'**과 **'현장에서의 세밀한 손익 관리 실현'** 외에 중요한 것이 두 가지 더 있습니다.

그것은 바로 **'규모의 경제'**와 **'경쟁의 원리'**를 어떻게 활용할 것인가 하는 점입니다.

제가 재직했던 베인앤컴퍼니의 전략 이론 중에는 '리더십 이코노미Leadership Economy'라는 것이 있습니다. 리더십 이코노미는 '제대로 정의된 시장에 속한 대부분의 산업에서는 **규모면에서 가장 큰 리더가 가장 높은 이익률을 누린다'**라는 것입니다.

그 이유는 두 가지입니다. 먼저, 리더는 공급망의 상류와 하류 양쪽으로 강력한 협상력^{bargaining power}을 가질 수 있기 때문입니다. 다른 하나는 경험 곡선이 더 빨리 내려가기 때문입니다. 이른바 '규모의 경제'라는 것입니다.

스키장 업계와 같이 규모가 작고 침체기에 빠진 시장에서는 공급망 상류에 있는 공급업체의 수도 줄어듭니다. 주요 부품 공급업체가 사실상 독과점 상태에 있는 경우도 드물지 않습니다.

이러한 산업구조에서는 큰 구매를 할 때도 '지금까지 그곳에서 구입해왔기 때문에' 정도의 이유로 깊이 생각하지 않고 구매처를 결정하는 경향이 있습니다. 결과적으로 견적을 받고 경쟁을 유도하고, 적정 가격으로 떨어질 때까지 협상하는 당연한 노력이 소홀해지는 것입니다. 즉, '경쟁의 원리'의 부재입니다.

이러한 '규모의 경제'와 '경쟁의 원리'의 부재가 지방에 있는 중소기업이나 가족이 운영하는 회사들의 비용 개선을 가로막고 있는 것 같습니다. 여기에 눈을 돌리면, 노력 여하에 따라 비용을 적정 수준까지 낮출 수 있습니다.

면으로 생각하는 방식으로
비용 절감

CHAPTER 4에서 점이 아닌 면에서 '숨겨진 자산'을 찾으면 더 큰 효과를 얻을 수 있다는 이야기를 드렸습니다. **비용 적정화에 대해서도 '점이 아닌 면에서' 생각하면 규모의 경제와 경쟁 원리를 활용하기 쉬워집니다.**

CHAPTER 3에서 설명한 '하쿠바 밸리 공통 자동개찰 시스템'의 조달비용 적정화가 이 사례에 해당합니다.

개별 회사 단위로는 발주 물량이 적고, 참조 가격도 없었기 때문에 제조사들도 가격 인하에 쉽게 응해주지 않았습니다. 그러나

- 해외에서 직접 수입할 수 있는 가능성을 가짐으로써 경쟁의 원리가 작용할 수 있는 상황을 만들어냈습니다.
- 10개의 스키장 발주 물량을 모아 '국내 최대 규모의 프로젝트'로 만들어 제조사들의 관심을 이끌어냈습니다.
- 받은 견적에 대해서는 세부 항목까지 세분화하여 비교한 후, 불합리하게 높은 부분이 있으면 이를 낮춰 달라고 요청하는 방식으로 초기 비용을 크게 낮추는 데 성공했습니다.

CHAPTER 4에서 설명한 '이와타케 상점가 활성화 프로젝트'도 마찬가지입니다.

개별적으로 민박을 운영하다 보니 경영적인 측면에서 효율성이 떨어질 수밖에 없는 문제가 있었습니다. 그래서 이 프로젝트에서는 여러 건물을 묶어 운영함으로써 여러 측면에서 '규모의 경제'를 통해 경영 효율을 개선하기로 했습니다. 그렇게 절감된 비용이 리모델링 비용의 중요한 원동력이 되고 있는 것입니다.

제가 예전에 몸담았던 농림수산성 영역에서도 그랬지만, 지방의 산업은 '자택'이 경영 단위가 되는 경우가 많습니다.

하지만 그렇게 되면 규모의 경제나 경쟁의 원리를 살리는 것이 어려워집니다. 결과적으로 농협 등 공급망의 상·하류에 있는 사람들에 대한 협상력이 약해져 버립니다. 경영 효율을 높이기 어려워지는 것입니다.

우선 중요한 것은 '지금까지 그래왔으니까'라는 안일한 생각에 빠지지 않는 것입니다.

'할 수 있는 것은 무엇이든 한다'라는 정신으로, 때로는 **산업구조 자체의 변화도 추진**하면서 비용 효율화 방안을 고민해야 합니다.

거기서 생긴 **이익은 다음 투자로 이어집니다.** 그렇게 지역 경제를 활성화하는 것이 바로 지금 필요한 일이라고 저는 생각합니다.

여기까지 숨겨진 자산을 찾아내는 방법과 그것을 계속 빛내는 시스템을 만드는 방법에 대해 설명했습니다.

CHAPTER 9에서는 이러한 전체 과정에 걸쳐 필수적인 '마음가짐'에 대해 설명하고자 합니다.

8

· 다음 4가지 방법으로 비용 구조를 슬림화하고, 남는 비용을 '다음 투자'로 돌린다.

① 올바른 예산 책정

② 현장에서의 세밀한 PL 관리 실현

③ 규모의 경제를 활용한다

④ 경쟁의 원리를 도입한다

9

해보지 않으면 모른다!
승부는 도전의 횟수로
결정된다

성장을 지속하기 위한 팀의 힘

일본에서 최초로 도입한 독일제 액티비티 '마운틴 카트'.
카트를 타고 내리막길을 질주하는 짜릿함이 많은 팬을 양산하고 있다.

"오~, 또 새로운 일을 하는군요! 저기 좋은 장소죠, 기대됩니다. 그래서 무엇을 할 건가요?"

2020년 겨울을 앞두고 코로나가 조금 잠잠해진 시점을 맞아 오랜 만에 하쿠바 국제교류회가 열렸습니다. 훗날 '하쿠바 히토토키노 모리'로 결실을 맺게 될 프로젝트의 아이디어를 논의하고 있을 때, 그동안 대화에 참여하지 않던 코지가 기쁜 듯이 목소리를 높였습니다.

몇 년 전까지만 해도 새로운 일을 하는 것에 소극적이거나 귀찮다고 생각하는 멤버들이 많았던 하쿠바 이와타케. 하지만 점차 '새로운 것을 시작하고, 해내는 것'에 즐거움을 느끼는 멤버들이 많아지고 있다는 것을 느낄 수 있는 모임이었습니다.

반드시 성공하는 비결은
없다

강연 등을 할 때, 마지막 질의응답 시간에

"어떻게 하쿠바 이와타케는 방문객을 잘 유치할 수 있었나요? 그렇게 성공만 하는 건가요? 성공 확률을 높일 수 있는 비결을 알려주세요"

라는 질문을 종종 받습니다.

물론 프로젝트의 성공 확률을 높이기 위해서는 지금까지 설명한 것과 같이 '숨겨진 자산'을 잘 발견하고 빛이 날 수 있도록 노력하는 것이 필수입니다. 그러나 '성공할 수밖에 없는 방법'이라면 저도 잘 모릅니다.

어떤 야구선수라도 3할을 치면 좋은 타자이고, 메이저리그에 진출한 타자도 4할을 넘기지 못합니다. 프로젝트도 이와 비슷합니다.

우리가 상대하고 있는 것은 일반 소비자입니다. 반드시 합리적으로 행동하는 것은 아닙니다. 그런 업계에서 '백발백중'의 성공을 거두는 것은 비현실적이라고 할 수밖에 없습니다.

하지만 지역을 활성화하고 지속적인 비즈니스 모델을 만들기 위해서는 일정 수의 성공을 거두는 것이 필수적입니다.

그래서 제가 결국 가장 중요하게 생각하는 것은

'도전을 많이, 빠르게 하자'는 것과 **'도전을 계속 많이 할 수 있는 팀'**을 만드는 것입니다.

시간이 한정된 강연 등에서는 특히 그렇지만, 아무래도 성공한 이야기를 많이 하는 편입니다. 그렇다 보니 '하쿠바 이와타케의 도전은 성공의 연속이다'라고 오해하는 경우가 종종 있습니다.

하지만 사실 그 성공 사례 뒤에는 '도전은 했지만 눈에 띄지 않은 채 끝난 실패'나 '실패까지는 아니어도 성공이라고 말할 수 없는 시도'가 산더미처럼 쌓여 있습니다.

이러한 실패들은 다양한 관계자들이 얽혀있는 프로젝트이기 때문에 말하기 어려운 경우도 많습니다. 여기서도 구체적인 실패 사례

를 상세히 설명하는 것은 어렵지만, 결국 **중요한 것은 도전의 횟수가**

많아야 한다는 것입니다.

작은 도전을
많이, 빠르게 하는 방법

많은 도전을 하기 위해 가장 먼저 필요한 것은 '실패해도 치명적이지 않은 도전을 만드는 방법'입니다. 이를 위해서는 '먼저 작게 도전을 시작하는 것'이 필수적입니다.

컨설팅을 받거나 초기 계획 단계에 많은 자금을 투입하거나, 특정 프로젝트에 회사의 사활을 거는 등의 일은 피해야 합니다.

또한, **만약 실패하더라도 상처가 작을 때 철수할 수 있는 장치**를 마련해두어야 합니다. 그리고 시장이나 경쟁 상황 등을 고려하여 **실패할 경우 상처가 작아 보이는 것부터 순차적으로 실행**하는 것도 중요합니다.

이러한 생각으로 하쿠바 이와타케에서는 프로젝트를 시작하기 전에 가능한 시험적인 파일럿 프로젝트를 먼저 진행합니다. 거기서 상황을 확인하고, 잘 될 것 같으면 다음 단계로 빠르게 나아가는 것입니다.

물론, 다음 단계의 내용은 사전에 최대한 구체적으로 생각해 놓습니다. 그러나 첫 번째 파일럿 프로젝트에 대한 고객들의 반응을 보면서 유연하게 수정해 나가도록 하고 있습니다.

예를 들어, 하쿠바 이와타케 정상의 전체적 구상은 '하쿠바 이와타케 마스터 플랜'을 수립하는 단계에서 이미 어느 정도 대략적인 계획을 세워놨습니다. 하지만 몇 년 동안 실제로 실행한 프로젝트는 미리 구상했던 계획과 크게 달라졌습니다.

'하쿠바 마운틴 하버' 프로젝트를 첫걸음으로 삼은 것은 마스터 플랜에서 생각했던 대로입니다. 이것은 파일럿이라고 하기에는 규모가 큰 프로젝트였습니다.

하지만, 설령 기대만큼의 방문객을 유치하지 못하더라도 다른 지역에서 진행되었던 전망 테라스 프로젝트의 사례를 통해 일정한 방문객 증가로 이어질 가능성이 크다고 판단했습니다. 그렇다면 실패를 해도 상처는 얕아질 것입니다. 첫걸음으로 결코 무모한 도전이 아니라고 판단했습니다(결과는 기대를 크게 뛰어넘는 방문객 유치로 이어졌지만).

마스터 플랜에서는 두 번째 프로젝트로 숲속 공중회랑 등을 정비할 계획을 세우고 있었습니다.

하지만 실제로는 마운틴 하버 개장 첫해에 간단하게 정비한 작은 데크인 '유-후! 데크'의 분위기가 좋아서 많은 방문객들로부터 칭찬을 받았습니다.

이를 바탕으로 그 장점을 더 확장하는 것이 비용도 저렴하고, 고객 만족도를 높일 가능성이 높다고 판단했습니다.

그래서 마운틴 하버 개장 2년차에는 스노우피크에 기획을 의뢰해서 '이와타케 그린파크'를 정비하고, 숲과 잔디광장을 세련되고 쾌적한 아웃도어 공간으로 탈바꿈시켰습니다.

여기서부터는 당초 계획에 없던 프로젝트가 계속됩니다.

우선 방문객이 증가함에 따라 산 정상 전체의 수용력이 부족해졌습니다. 그래서 방문객들의 동선을 관찰하고 직접 이야기를 들어본 결과

"산 정상에서의 액티비티가 부족하고 대기시간이 길어지는 경향이

있다"

"그린파크가 혼잡해 여유롭게 쉴 수 있는 공간이 부족한 날이 많다"

라는 의견이 많이 나왔습니다.

이를 바탕으로 마운틴 하버 개장 3년차에는 산 정상과는 다른 방향에서 절경을 조망할 수 있는 산 중턱의 공간을 '하쿠바 히토토키노 모리'로 정비하기로 결정합니다(2022년 봄 그랜드 오픈).

한편, 액티비티 시설 부족에 대한 대책으로 '유-후! 스윙'을 비롯한 다양한 액티비티를 신규로 도입했습니다.

그중에는 생각보다 방문객들의 반응이 좋지 않은 것도 몇 가지 있었습니다. 다만, 이것들은 애초에 초기 투자비를 줄여서 시작했기 때문에 1년 만에 '손절매'할 수 있는 것이 많았습니다.

필요한
마음가짐

조금 더 추상적으로 설명하자면, 작은 도전을 계속하기 위해 필요한 마음가짐은 다음과 같습니다.

작은 도전을 계속하기 위해 필요한 마음가짐

· 초기에 전반적인 계획을 세우더라도 거기에 너무 많은 시간과 비용을 들이지 않고, 우선은 상처가 적어 보이는 것부터 차근차근 시작한다.
· 초기 계획을 절대적인 것으로 생각하지 말고, 첫 번째 프로젝트에 대한 반응을 잘 관찰하면서 유연하게 수정한다.
· 수정된 계획 또한 할 수 있는 것부터 차근차근 시작하고, 그 반응을 지켜보면서 다음 스탭을 준비한다.

- 특히, '성장 가능성'이 있다고 생각되는 것을 중심으로 두 번째, 세 번째 화살을 계속 쏘아 올린다.
- 실패한 프로젝트가 있더라도 너무 고민하지 말고, 손절매할 수 있는 용기가 필요하다. 실패한 프로젝트에 너무 많은 자원을 쓰는 것보다, 성장할 것 같은 프로젝트에 자원을 쏟아붓는 것이 결과적으로 비용 대비 효과가 크다.
- '도전을 시작하는 것'과 그것을 '압도적인 속도감으로 계속하는 것'이 무엇보다 중요하다. 매력적인 콘텐츠를 만들지 못하면 고객은 오지 않는다.

특히, 우리처럼 생필품이 아닌 '기호품'을 취급하는 B2C 비즈니스에서 '고객이 원하는 것'을 확실하게 파악하고 준비하는 것은 매우 어렵습니다. 설령 고객의 니즈를 파악했다고 해도 그것이 변하지 않는다는 보장은 어디에도 없으며, 세상의 변화는 생각보다 빠릅니다.

이런 상황에서 필요한 마음가짐은 **'계획보다 실험'**, **'실험을 통해 맞을 것 같은 것에 집중'**하는 것이라고 저는 생각합니다.

계획보다 실험에
자원을 투입한다

이러한 마음가짐의 반대에 있는 것이 '계획을 세우고 만족한다', '계획을 세우는 것이 목표다'라는 식으로 계획 수립 단계에 대부분의 자원을 쏟아붓는 것입니다.

공무원 시절과 컨설턴트 시절에는 계획을 세우는 것이 주업무였습니다. 그런 자신의 과거를 부정하는 것 같아 괴롭지만 '반드시 성공하는 계획'이란 존재하지 않습니다.

특히, B2C 업계에서는 고객이 우리의 기대대로 '합리적으로' 반응하지 않는 경우가 많습니다. **그런 업계에서는 계획 수립에 아무리 많은 자원을 쏟아부어도 성공 확률은 좀처럼 높아지지 않습니다.**

컨설턴트 시절 존경하는 선배가 했던 한마디가 아직도 기억에 깊게 남아있습니다.

"앞으로 본질적인 의미에서 전략 컨설팅에 대한 수요는 줄어들 것이다. 디지털 세상이 펼쳐지면서 파일럿 프로젝트를 만드는 데 드는 비용도 줄어들 것이다. 또한, 프로젝트 성과 모니터링에 대한 비용도 획기적으로 줄어들 것이다"

"그렇게 되면 치밀한 계획을 세워서 성공 확률을 높인다는, 지금까지 전략 컨설팅의 근간이 되었던 생각 자체가 통하지 않게 된다. 그보다는 자체 자원을 활용해 파일럿으로 프로젝트를 진행하고, 그에 맞춰 수정해 나가는 것이 성공 확률을 높이는 데 더 용이할 것이다"

아직 전략 컨설팅을 시작한 지 얼마 되지 않았던 저는 자기 부정적인 발언에 가벼운 반발심을 느꼈습니다. 하지만 지금 생각해보면 정말 혜안이 아닐 수 없습니다. 실제로 제가 기업을 경영하며 그 말의 가치를 실감하고 있습니다.

도전을 계속 할 수 있는 팀이
중요하다

물론, 경영진이 아무리 좋은 아이디어를 찾아내도 그것만으로는 충분하지 않습니다.

그 프로젝트를 함께 실행할 수 있는 팀이 필수적입니다. **유연하게 일에 임하고, 자신이 맡은 부서의 업무뿐만 아니라 범위를 넓혀서 멀티로 움직이고, 자발적으로 과제를 찾아내고, 해결책을 찾아내는 - 그런 팀이 없으면 아무것도 할 수 없는 것입니다.**

이 책에서도 켄지, 사토루, 코지의 하쿠바 국제교류회 멤버뿐만 아니라 산악자전거의 호리에, 움직이는 재무장관 호시노, THE CITY BAKERY의 젊은 점장·부점장 등 든든한 팀원들에 대해 언급했습니다.

물론, 그 외에도 훌륭한 동료들이 모여 있습니다.

매일같이 슬로프를 관리하면서 뭔가 현장에 곤란한 일이 생기면 묵묵히 일을 마무리 짓는 OUT 지배인, 고장난 기계를 뚝딱 고치거나 여러 제조업체와 협상을 통해 가격을 낮추는 기계의 프로이자 협상이라는 전혀 다른 성격의 업무도 도맡아 진행하는 기술부장, 마케팅과 관련된 번거로운 업무를 척척 해내는 젊은 직원들, 레스토랑의 FL 관리를 철저하게 하여 대대적인 개선을 이룬 식음료 매니저들, 그밖에도 많은 직원들이 이 지역 출신입니다.

여기에서 모두를 언급하는 것은 불가능하지만, 정말 팀의 힘이 대단하다는 것을 느끼고 있습니다.

팀의
힘

구성원 개개인의 능력과 의욕도 물론 중요하지만, 한편으로 혼자서 모든 것을 할 수 있는 슈퍼맨이 있는 것은 아닙니다. 서로의 부족한 부분을 다른 멤버가 채워주면서 팀이 성립되는 것은 말하자면 스포츠와 같습니다.

우리 팀도 처음부터 높은 팀워크를 가지고 있었던 것은 아닙니다. 적자가 지속되면서 수년간 투자나 신규 사업을 할 수 없었고, 오히려 '포기'나 새로운 일을 하는 것에 대한 '귀찮음'이 앞서는 멤버들도 많았던 것이 사실입니다.

그런 멤버들의 동기부여를 위해 특별한 일을 했느냐고 묻는다면,

그런 것은 아닙니다.

다만, 작은 일부터 차근차근 시작했고, 조금씩 성공을 거두면서 자신감을 키워나갔습니다. 또한, 이전보다 더 빠르게 움직이면서 단기간에 많은 경험을 쌓고 소통을 강화했습니다.

이런 현장의 노력을 통해 점차 팀으로서의 역량이 높아지는 것 같습니다.

경험 곡선을
빨리 내려가는 것의 중요성

CHAPTER 8 '규모의 경제'에서도 언급했지만 **'경험 곡선을 빨리 내려가는 것'**은 매우 중요합니다. 비슷한 일을 반복적으로 경험함으로써 현장의 노하우가 쌓이고, 이전보다 더 효율적으로 일을 진행하게 된다는 것이 경험 곡선의 기본 개념입니다.

이때 '비슷한 일'을 반복하는 양을 어떻게 늘리느냐가 중요합니다.

예를 들어 저희의 경우, 그동안 거의 겨울에만 운영하던 레스토랑 시설을 여름에도 운영할 수 있게 되었습니다. 이로 인해 연중 고용할 수 있는 직원의 수가 대폭 늘어났고, 여름에도 다양한 업무를 경험할 수 있게 되었습니다. 그 결과, 겨울 성수기에도 기존보다 훨씬 적은 인원으로 대응할 수 있게 되었습니다.

물론 점장 제도 도입을 통해 수치 개선을 철저하게 해온 결과이기도 합니다. 하지만 그뿐만 아니라 팀원 개개인의 업무 대응력 향상과 현장 단위의 개선이 쌓이지 않았다면, 이런 결과를 얻지 못했을 것입니다.

함께
달린다

팀에서 저의 역할은 주로 **'외부의 눈'**으로 구성원들의 아이디어를 이끌어내어 프로젝트를 실현하는 것이었습니다.

하지만 그뿐만 아니라, 아마추어이지만 다양한 현장에 들어가기도 합니다. 무슨 일이 일어나고 있는지를 팀원들과 함께 체험함으로써 팀의 일원으로 인정받을 수 있었다고 생각합니다.

앞 장에서 언급했듯이, 성수기에는 주차장 관리, 리프트 관리, 푸드 트럭에서 소프트 아이스크림 판매, 레스토랑 설거지까지 다양한 일을 하고 있습니다.

제초 작업과 텐트 설치 작업에도 즐겁게 참여했습니다. '하쿠바 히토토키노모리'를 정비할 때는 덤프트럭을 몰고 목재를 산속까지

운반하고 손수 나르기까지 했습니다.

익숙하지 않은 일의 연속이라 솔직히 쉽지는 않습니다. 하지만, 제가 솔선수범하는 모습에 **'사장이 이렇게까지 한다면 어쩔 수 없지'**라고 주위에서 체념(?)하고 함께 새로운 것에 계속 도전하고 있는 부분도 있는 것 같습니다.

또한, 어떤 일이든 팀의 힘을 키우기 위해서는 **팀원 한 사람 한 사람이 즐기고, 자기 일처럼 생각하고, 움직이는 것이 필수적**입니다.

이를 위해 가능한 일방적으로 아이디어를 던지는 것이 아니라(물론 제가 억누르지 못해 그렇게 되는 경우도 많지만) 팀원 개개인이 아이디어를 낼 수 있도록 대화를 나누는 것도 중요하다고 생각합니다.

만약 새롭게 도전한 일이 잘 안되더라도 결과보다는 과정을 평가하는 것을 중요하게 생각하고 있습니다. 작은 실패라면 최대한 신경쓰지 않습니다.

'무엇보다도 도전을 계속하는 것이 중요하다'라는 마음가짐을 가지고 팀과 함께 성장하는 마음이 가장 중요하다고 생각합니다.

하쿠바에 온 지 8년.

팀과 함께 달리면서 성공도 실패도 경험을 공유하며, 그 과정 자체를 함께 즐겨왔습니다. 이것이야말로 지역을 살리는 일, 관광업을 활성화하는 일, 나아가 침체된 산업을 살리는 일의 묘미라고, 지금은 그렇게 생각하고 있습니다.

자, 여러분도 함께 이 세상에서 즐겁게 싸워보지 않겠습니까?

- '반드시 성공하는 계획'은 없다. 우선은 작은 도전을 많이, 빠르게 하는 것이 필요하다.

- 실패하면 빠르게 철수할 수 있는 구조를 만든다.

- 여러 가지 선택지 중에서 상처가 적은 것부터 빠르게 시작한다.

- 이를 위해서는 유연하고 자발적으로 움직이는 팀의 존재가 필수적이다.

- 팀의 힘은 작은 도전을 빠르게 시작하고, 성공 경험을 쌓으면서 조금씩 향상되어 간다.

전국에서
숨겨진 자산을 찾아내자

하쿠바에도 그리고 각 지방에도 아직 손길이 닿지 않은
'숨겨진 자산'이 많이 있습니다.
그것을 찾아내어 빛을 낸다면 지방의 관광산업은 반드시
활기를 되찾을 수 있습니다.

"건배!"

"그동안 고생했던 프로젝트가 드디어 빛을 보게 되었네요"

"아이고, 정말 산전수전 다 겪었네요. 하지만 이제 드디어 곤돌라 리프트를 새롭게 놓을 수 있을 것 같습니다"

"아니, 이제 겨우 첫발을 내디뎠을 뿐이야. 아직 멀었어"

2022년 9월 9일 밤. 하쿠바 국제교류회 멤버들을 중심으로 움직이는 재무장관, 기술부장 등이 오랜만에 우리 집에 모였습니다. 축배를 들면서 그동안의 노고와 앞으로의 기대에 대해 이야기를 나눴습니다.

사실 이날 저녁, 하쿠바 이와타케의 미래를 크게 바꿀 대형 프로젝트의 보도자료가 배포되어 프로젝트의 개요를 세상에 알릴 수 있었습니다.

그 프로젝트는 바로 곤돌라 리프트의 신설입니다. 건설된 지 35년

새로운 곤돌라 리프트 계획 이미지

이 넘어가면서 노후화가 진행되는 한편, 사계절 이용객의 증가로 수송력의 부족이 두드러지게 나타나고 있었습니다. 이를 새롭게 단장하는 것이 공식적으로 결정된 것입니다.

곤돌라 리프트 신설은 몇 년치 매출에 해당되는 금액을 필요로 하는 대규모 투자입니다.

우리에게는 생명줄과 같은 존재임에도 불구하고 버블 붕괴 이후 방문객이 급감하면서 지금까지는 엄두를 내지 못했던 투자였습니다.

그러나 그린 시즌의 매출 증가와 전사적인 비용 관리의 철저함으로 안정적인 현금흐름을 기대할 수 있게 되면서 현실이 된 것입니다.

이야기는
이제 막 시작되었다

이렇게 세계적인 수준의 사계절 마운틴 리조트를 향해 한 걸음씩 나아가기 시작한 우리지만, 사실 이야기는 이제 막 시작이라고 생각합니다. 이번에 발표된 프로젝트를 계기로 본격적인 하쿠바 이와타케의 성공 스토리가 이제부터 시작하는 것입니다.

하쿠바 이와타케라는 단일 콘텐츠만 놓고 보더라도, 이 책에서 소개한 일련의 '숨겨진 자산의 발굴'은 시작에 불과합니다. 이제야 비로소 본래 가지고 있던 매력을 전달할 수 있는 도구가 생겼고, 현금의 여유도 조금씩 생겨나기 시작한 단계입니다. 수년간의 과제였던 리프트와 휴게소 등 인프라를 리뉴얼하는 계획도 이제 막 첫발을 내디뎠을 뿐입니다.

산속에 숨어있는 '숨겨진 자산'을 찾아내고, 이를 빛내기 위한 여정은 당분간 끝이 없을 것 같습니다.

게다가 애초에 '리조트'로써 세계와 경쟁하기 위해서는 스키장 하나만 나아진다고 해서 충분하다고 할 수 없습니다.

리조트라고 한다면, 여러 날을 머물러도 충분히 즐길 수 있는 양과 질을 갖춘 콘텐츠가 충분해야 합니다. 나이트 라이프나 날씨가 좋지 않을 때에도 즐길 수 있는 시설을 포함하여 상점가도 풍성하게 만들고, 주변 지역이 모두 활성화된 상태를 만들어야 합니다.

그러기 위해서는 팀의 힘을 합쳐 하쿠바 지역 전체를 제대로 살펴보고, 숨겨진 자산이 없는지 계속 찾아내서 계속 다듬어 나가야 한다고 생각합니다.

세계에서 인정받는
리조트

이렇게 하쿠바 지역이 진정한 의미에서 '세계적 수준의 사계절 마운틴 리조트'로 승화할 수 있다면, 세계에 내놓을 수 있는 보물 중 하나라는 것을 모두가 인정하게 될 것입니다. 그것이 우리의 진정한 목표입니다.

안타깝게도 앞으로의 일본은 저출산과 국제경쟁력 저하 등으로 어려움을 겪을 가능성이 매우 높다고 생각합니다.

이러한 상황 속에서도 우리 하쿠바 팀원들은 포기하지 않고 숨겨진 자산의 활용을 위한 도전을 계속할 것입니다. 그렇게 함으로써 미래의 지역 사회에 조금이나마 밝게 비추는 빛이 되고자 합니다.

마지막으로, 이 책을 지금까지 읽어주신 독자 여러분도 **각자가 소속된 지역이나 회사, 산업에서 '숨겨진 자산'을 잘 찾아내어 잘 가꾸어 나가시길 바랍니다.**

여러분의 실천이 쌓여 각 기업, 지역, 산업 모두가 건강해지기를 진심으로 바라며 이 글을 마칩니다.

와다 유타카

르네상스를 꽃피운
12명의 위인들에게 배우는
일의 지혜

코로나 이후,
우리는 어떻게 일을 해야 하는가?

인문학 ✕ 경영학

테크놀로지의 진보만이
미래를 밝게 한다

2040년 미래에는 어떤 세계가 펼쳐질까?
기회와 위기가 공존하는 미래

2040년 미래, 당신은 어떤 삶을 살 것인가?

미래 기술에 주목한 사람들에게 엄청난 기회가 주어질 것이다!